なべおさみ

昭和疾風録

興行と芸能

イースト・プレス

昭和疾風録　興行と芸能

はじめに

新しい時代が、もう、そこまで来ている。

昭和の時代を知る人々は、今の時代を背負って生きる方々に、つい
「昭和の時代ってぇのはなぁ……！」

と言いたくなる。

だが、これは禁句！　決して言ってはならないのがこれ。

「俺達の若い頃はなぁ…！」

絶対に言ってはなりません。聞かれたら言えばいいことなのです。


これから皆さんにお見せする写真の一枚一枚は、実に驚くべき昭和の娯楽の真実です。よくもこれだけのものが残されていたものだとつくづく思います。

これは時代を知る者にとって実に貴重な昭和の過去を、今、再び胸に去来させることが出来る素晴らしい写真です。

戦火で焦土と化した敗戦直後の日本に、国民の打ちひしがれた姿を想像するのが常識ですが、終戦の明くる年に小学校に上がった私の脳裏には、そんな大人の断面を少しも見て

はおりません。

それどころか、何一つ満足に手に入れることの出来ない現実生活の中で　私は自分の両親や周りの大人達から不平不満などを聞いてはおりません。

それは生きていくことに必死だったろうし、家族を養っていくのに懸命だったろうとは、私がそれなりの年代を重ねてからの気付きなのですが、それにしても日本人の底力を見せつけられて生きて来ました。

これから一枚一枚の写真を前に、私は、その時代を生きていた人々に思いを馳せてみようと決心しました。どうやって生き抜いてきたかを知ることは、今の今を生きている己を幸福に思える一助です。

そうした時代があって、今の時代が存在しているのですから、どうか目を凝らして見つめて欲しいのです。

その時代を知る人には新しい発見や回顧の喜びがありましょう。今、知らぬ時代を垣間見る人には、新しい認識が生まれる筈です。

その喜びの一つ二つを誕生させる為に、私は七十九年の人生の知識を注いでみようと思います。

さぁ、知る人には懐かしきあれこれを！

新しき時代の人にはあなたの父母の、そして祖父母の喜びとした時間を教えましょう！

そして。そして。

「あっ！　この人！…？…？」

と、頭の中に忘却の世界が広がった人には少しずつ一寸ずつ、若き日の想い出のページを捲って差し上げましょう！

さあ！

最初のページを開いてみて下さい！

それっ！

目次

序章

古池慶輔という男

興行とは何でしょう?

そう。興行とは何でしょうね。

皆さん誰だって、「実演」と言われるものにお目に掛かっていますよね。それが「歌謡ショウ」であるのか「お芝居」であるのか、色んな形はありましょうが、とにもかくにもお金を払って観る娯楽産業です。

太古の昔から、人々の興味をそそらせ、喜ばせてみせる「見世物」が存在しました。

大昔は「掛け小屋」といって、神社やお寺の敷地内に柱を立て、そこを筵《むしろ》で囲って中で見せるといった「出し物」が、各地で催されておりました。その催しを業とする者が興行師で、催しそのものが興行なのです。

そして興行を成り立たせている者が「演者」なのです。

演じ手には各種の芸能がありますよね。

舞踊、歌、演奏、これが基本で、それに奇術、芝居、更には動物を使った曲馬団《サーカス》等と、とりどりです。

そして、これが全て娯楽産業ということになります。

私が今からお見せする写真は、たった一人の映画館主が、終戦直後の九州は福岡、博多

(1)昭和31年6月2日、福岡スポーツセンターにて。古池慶輔と古池末娘・慶子を挟んで力道山。

の地で、自分の館に出演させた人々と共に写真に収まった記録的なものです。

恐らく、こうした現存する写真は例が無いことでしょう。

その社長の名を、古池慶輔《こいけけいすけ》と申します。

本名は慶助でしたが、本人が「慶助の助は、助平の助だからスカン！」と嫌って、慶輔で通しました。世に出て来た頃には、ほとんどの人が本名を知りません。私も慶輔と言わせて頂きましょう。

この方については、追い追い説明していきますが、まずは、この写真から見て下さい。

古池慶輔という男

戦後最大の国民的ヒーローは、力道山をおいて他にいません。

その偉大なる時の人を今、試合が終わったばかりで控え室に戻って来たところを写真に収める人間は、この時代にはそうは居ない（写真1）。

昭和三十一年（一九五六年）の六月二日、福岡スポーツセンターにて、と記されていました。日本中が力道山の引き締まった筋肉に目を奪われていたものだ。その力道山と並んで遜色のない大男こそ、この本の主役、古池慶輔と申します。

明治四十一年（一九〇八年）の生まれですから、この写真は四十八歳の男盛りといえます。

この人が、無類の人間好きでした。人間大好き人間を絵に描いたような人柄だった為に、実はこの本が誕生したと言っても過言ではありません。御自身が一代で築いた映画館の中に、劇場としても使用出来るステージ付きの建物がありました。そこへ、多くの芸能人を呼んで興行を打っていたのです。

何にも無い。敗戦の日本の暗澹《あんたん》たる日々の中に、それこそ夢の世界の雲の上の人々が、この地・博多にやって来たのです。

今、ページを捲っているあなたが、登場するスターの活躍時を胸に思い浮かべられるなら、あなたの健康に拍手です。私はあなたを楽しませる為に書きましょう。

「知ってる人もある！　知らない人もある！」

そうした方には、断片的な記憶の思い起こしのお手伝いをしましょう。

この時代を知らない方々には、あなたの御両親や祖父母の皆さんが、昭和の時代の一番苦しかった時代を、どう生きられていたのかを、私なりに語って聞かせましょう。

古池さんには、現実に私もお会いしているのです。それは順次御説明致しますが、私の記憶では「古池親分」と呼ばれていたと思います。でも、時節柄、はっきり申し上げておきますが、親分から連想される稼業の人ではございません。歴とした事業家であります。ならば何故に、となりますよね。

はい、昭和の時代は戦争という大きなうねりを経験して来ましたから、少々のことでは驚かない世情ってものがありました。とかく綺麗事だけでは生きられない世の中の実情ってものを、人々が知り尽くしておりました。ですから「親分」と言われる人間は、それだけで裏社会の辛酸を舐めて生きて来た人への敬意が込められていたのです。

教科書通りの「いい人」では、人々の手助けをしたり味方になってやったり等と、己を投げ打つなんて出来るものではないと、充分に人は知っていた訳です。

「古池親分」と称されたのは、ある面、馬鹿みたいな金銭を投げ与えて平気で生きて来た歴史があった結果だと私は思いました。

親分ではない人間が、その稼業の人間からも平気で「古池親分！」と認められ呼称されていた真実は、この男のお調子者的人の好《よ》さと、無類の人間好き、特に芸能人への憧憬の深さがあったのだとみています。

「自分には才分が無いが、この人達の、舞台で人を明るくさせられる職業なんていいよなぁ！」

そう思って生きて来たのでしょう。

人一倍、図体が大《で》かかったので、人から立てられることが多かった。自然に親分気質が育まれて、人に頼られれば助けない訳にはいかない人間となっていったようです。

その分、家族には淋しい思いも余儀なくさせていたのです。本来の持って生まれた人間好きは、男女を問いませんでしたから、その余波は終生、女房殿を苦しめたようです。

私の手元には奥様が六十歳を機に書かれた、想い出の手記が残されております。

簡単に言えば、夫が十九歳、妻が二十歳で結婚したのですが、してみて最初に知ったのは、夫には先妻が居たという事実でした。そこには二歳の子がおりました。

自身も以前に結婚し、子を産んだ経験を持つマサヨ夫人は、それから二人の男の子と二人の女の子を産み育てます。

福岡では人々の羨む家庭と思われておりましたが、手記には九年も家に帰って来ない夫への怨嗟《えんさ》の愚痴も見出せました。が、日本の女性は、否、日本の母は強かった。我慢と辛抱の権化となって、耐え忍ぶのです。

これを読むあなたに願います。

ここで我が妻を思ってみて下さい。

あなたの奥さんもお母さんも、立派ですよ。どれだけ己が思いを断ち切って、家庭に尽くしていますことか！

そう！　明日はレストランでお食事をしてあげて下さいね！

おっと。古池慶輔さんの外での生活は、これ以上語りません！　武士の情けです！　黄泉の国で、今頃は奥様と共に、この本のページを捲ってくれておりましょうからね。

終戦直後の古池慶輔

この写真をご覧下さい。美空ひばり一家が古池さんの劇場に現れた時のものです（写真2）。一時期公共施設に出演が出来なかったひばりさんに、背後の人々は手を結んで救援の仕事を提供しました。美空ひばりの項でお話しますが、古池社長との縁は大きいのです。

もう少し、古池さんの話をしましょう。

博多という地は、明治の時代に、九州の炭鉱が国営から民営に委託されたことにより大発展しました。明治五年（一八七二年）の産業革命期です。それが明治三十四年（一九〇一年）の八幡製鉄所の開業で拍車がかかりました。

この頃の九州各地は百年近くを炭鉱の各種恩恵で活発化、発展したのです。

本来九州の中心地は熊本でした。各企業は熊本を拠点としておりました。ＮＨＫですら、戦後の長い期間を熊本に拠点を置いておりました。今は九州の政財界の拠点は福岡です。

古池慶輔さんが頭角を現していったのは、第二次大戦中です。

洞海湾《どうかいわん》に大きな輸送船が沈んだのでした。この船は、油送船と言うべきか油槽船と言うべきか、多大なコールタールを積んでいたのです。このサルベージを受けて立ち、名乗り

(2) 古池慶輔と美空ひばり3姉兄弟（右2人目が小野透、左端が香山武彦）。

を上げて請け負ったのでした。どんな業者も手を出せない難業だったそうですが、この時、手を上げたのだそうです。

しかし、あの火野葦平《あしへい》の『花と龍』のお好きな方なら、港湾事業のあれこれをお判りでしょう。簡単に言えば港湾事業は世界中に存在する、その地ならではの習わしと申しますか決め事と申しますか、掟があるのです。

現代では近代化されておりますが、昭和二十年（一九四五年）以前の日本の港では、はっきりと、資本家と労働者の二つが組み分けられていたのです。もっと簡単に言えば、背広にネクタイ組と、それ以外の組です。もっともっと判りやすく言えば、働かせる者と働く者、雇う側と雇われる側、使う者と使われる者でしょう。

さて、財をなしたという、コールタールをご存じですか？

これは戦時中のことですが、石炭をコークスに製造し換える時、乾留して得られる副生成物の一つです。この時代は鉄道の枕木や木電柱の防腐剤として使われておりました。又、トタン屋根の塗料としても。

この頃は石炭プラントでの重要製品でした。戦後、石油化学から生まれたアスファルトに取って代わられる迄、大変貴重な物資でした。

それが大量に洞海湾に沈んでいては、海の汚染も大変です。そのコールタールの引き上げの工法を、潜水夫の報告から古池さんは瞬時に考え出しました。

この作業には当時朝鮮人として差別されていた人達を専門に使いました。

そして思い付いた竹竿を結合させて、急拵《ごしら》えの吸い出しホースで、船艙から抜き取ったのです。この事業の元手は二十万円掛かったそうですが、工法ごと丸買いする会社が出て来て、全てを四十万円で売ったのです。

たちまちにして二十万円が入って来ました。その金で、映画館を一軒買ったのです。

戦争中の二十万円がどのくらい大きな金だったのか気になりますね。

小学校の先生の初任給が、五十円から六十円の時代です。公務員なら七十五円。電車の初乗りが十銭の時代。映画なら封切館の七円六十銭から下は八十銭の時代の二十万円です。

都知事はやっぱり高給取りです。五千三百五十円。日雇い労務者は一日二円ほど。東京の知事は桁外れの高給取りですが、それでも二十万円稼ぐのに三年以上はかかりますよ。ではは学校の先生なら、なんて考えるのはやめときましょう。

とにかく戦前の博多の盛り場に、映画館を持ったという事実です。

その後は躍進に次ぐ躍進で、ついには多数の映画館主となり、古池慶輔は「夜の市長」とまでやっかまれる存在となるのです。

戦後の最盛期には劇場付映画館など十三館を有し、その後「九州芸能社」の設置で、興行面での実力は大阪や東京でも知る人ぞ知る評判の高さだったのです。

私事で恐れ入りますが、私でさえ師の水原弘の付人時代、三度もお目に掛かっておりま
す。ですから、風評としてだけでなく、会社やお宅や経営する宿屋まで見知っております。
その上、力道山と一緒に写っている古池慶輔のお嬢さんの慶子さんは、その後東宝映画
のニューフェイスとなり、そこで私と知り合っておりました。そこでは古池みかと名乗っ
ておりましたが、私は母上にも仲良くして頂き、ありがたい想い出を持たせて頂いていた
のです。

当時の私は、ハナ肇の付人でした。

「この人は必ず出世するわよ！　こうした人を交際相手にしないと、慶子ちゃん、駄目な
のよ！」

東宝砧《きぬた》撮影所のパーラーで、食事をさせて下さりながら仰いました。

この頃の、なんと励ましある言葉だったかと、現在八十歳近い私の胸には、今もはっき
り残されている想い出です。

そんな訳で、物の無い時代、写真が趣味だったという古池親分が残してくれて、その娘
である慶子さんが貸し与えてくれた貴重な記録の数々を、私、なべおさみが、なべおさみ
流の切り口で皆様に見て頂くことにしましょう！　感謝と共に、いざ！

一章

戦後と興行

戦争が終わった

昭和二十年（一九四五年）八月十五日。天皇陛下の玉音放送があった。

私は六歳で、疎開先の茨城・水戸近くの旧鯉渕村《こいぶちむら》にいて、野の一角に急造された開拓地の我が家の庭先で聴いていた。長く延長したコードで繋がれたのは、いつもは高い棚に置かれていた「マツダ三球スーパーラジオ」だった。我が家に電気が通って直ぐのことでした。玉音放送よりも、カーバイトランプから電球に変わったことのほうが、私には驚きでした。

近隣の人が何人も来ていて、知らされていた玉音放送に耳を向け、固唾《かたず》を呑んでいました。結局、戦争に負けたということでした。

子供心に、日本が負けたから残念だとか、これからの日本がどうなるかなんて気持ちは、嘘にも起こらなかったですね。そんな少年の一日が、八月十五日という日でありました。

ラジオを囲んで地面に突っ伏して、全員が泣き崩れるなんて光景は、その場の人々にも無かった気がします。戦争に厭き厭きしていたのです。

それよりも、与えられた中古《ちゅうぶる》の自転車と取っ組んでいた最中だったから、早くこの場を逃れてどこか手頃な坂道で遊びたかった。

それが終戦の日の実感でした。

それからの記憶に、戦争に敗れた敗戦国の憂鬱など微塵も無い。それは私の楽天的な性格からなのかもしれないが、私の両親の影響だと思っている。

「まったく。嫌になっちゃうなぁ！」

等と言う言葉を、父や母の口から聞いたことがなかった。今考えると、みんな生きるのに必死で、愚痴など言っている暇が無かったのかもしれない。それに、耐えるのに当然と思わざるを得ないほど、どこを見たって無い無い尽くしの世の中だった。

吉幾三の歌じゃないが、それに似ていて、

「〽ああ、電気も無ぇ、水道も無ぇ、お米が無ぇ、肉なんて無ぇ、魚も無ぇ、何にも無ぇ」

そんな時代だった。

疎開先は藁葺きの掘っ建て小屋だったし、とにかく終戦翌年の春、学校に入ったのだが、教科書すら無かった。

「サクラ　サイタ」

これは残っていたが、

「ヘイタイサン　アシナミソロエテ　イチ　ニ　サン」

ここは墨で塗り潰されていて真っ黒だった。

そんな教科書を、三人に一冊のみ与えられたのだから、三日に一回しか家へは持って帰れなかった。私が「こくご」が好きなのは、三日に一回、必死に教科書を暗記したお蔭だと思っている。無いということは有るということよりも、ずっと人間には必要な条件だと後々判らされた。無いは必要の母なのだった。

凄いアイデア

古池慶輔さんが戦前から経営していた柳橋劇場も、空襲で焼けました。ビルであった為、躯体だけが残った劇場の残骸の内部から、抜け落ちた天井の上に続く青空を見上げながら、古池さんも人の子、途方にくれたそうです。二十万円の火災保険に入っていたのに、下りたのは五千円だったのです。焼け跡にへたり込みました。

博多だけではありません。日本中の主要都市が焼け野原でした。

少ない情報とはいえ、疎開先の片田舎にいた子供の私でも、その惨状は心に焼き付いています。そして小学四年生、昭和二十四年（一九四九年）に見た、東京・銀座の赤茶けた焼き尽くされた戦後のあの印象は、生涯不滅で心にあるのです。

子供とはいえ思いました。

戦争ぐらい無駄で無残な人間の行為はありません。人間の努力を人間が破壊していくのですからね。

その現実を見ていただけの経験ですが、実際に生き抜いていた大人達の辛苦は、克服するのにもの凄い努力とエネルギーがいったでしょうね。

古池さんは、青天井を見つめて思い立つのです。何もかもが不足していて当然の終戦時、不足していない物が九州にはありました。

竹です。この人の凄さです。

「竹で屋根を掛けてやれ！」

近間の竹藪が頭に浮かびました。

「小竹町から持って来よう！」

頭にジャワやスマトラの小屋の風景が浮かんでいました。九州の竹は孟宗竹《モウソウチク》です。太くて長い。これを二つに割って屋根を葺けば、雨も大丈夫だ。

幸い、友人の家には竹林がありました。閃きと行動が同時の人間でした。男、古池慶輔、三十七歳の再出発でした。

「おい。ＧＨＱが、映画館の再生にはどんどん金を回してやれとのお達しだぞ！」

そう情報をもたらしてくれたのは、福岡証券金融社社長の吉次鹿蔵氏だった。

真面目一辺倒の吉次さんは、やんちゃな古池の調教師でもあり操縦者でもあった。

この人と、「部落解放の父」と仰がれていた松本治一郎《まつもとじいちろう》先生のお蔭で、古池は人生の大難関を何回か乗り越えて来られたと言っていい。ともすれば「夜の市長」と噂を飛ばされる程、この後の終戦の混乱期を波乱万丈に生きる男だが、人生を踏み外さなかったのも二人の見守り故だった。

「私が予算を取ってやるから、一気に建ててしまえ！」

我が意を得たりとはこのことだと、古池社長は存分に持てる力を発揮して、周囲が手つかずにいる内にみるみる竹の屋根を普請していった。鉄材も木材も不足している中で竹を使うとは、この人ならではのアイデアだった。

その間に、火を被った映写機の洗い出しや修復も突貫で出来上がっていった。

マッカーサーと映画館

そんな中で、昭和二十年（一九四五年）も師走の風が吹く頃となって、吉次鹿蔵社長から朗報が飛び込んで来ました。吉次さんは古池さんの隠れ頭脳なのでした。

「喜べ！　ＧＨＱが動くぞ！　ＳＳＳのダイク大佐からの情報だ！　映画館建設資金は簡単にオーケーが下りる！」

「ＳＳＳ？」

「それは、スペシャル・スタッフ・セクションと言ってな。マッカーサー直属の幕僚部なのさ。その中の〝民間情報教育局〟の親分がダイク大佐なのさ！」

「大工が親分だ？　じゃ棟梁だな！」

そう。このダイク大佐に命令が下り、日本の映画館の再建に優先を尽くせと為ったのです。

これは、本国政府の司令でもありました。「日本的な封建制度の駆逐には、ハリウッドを使え。デモクラシーを民衆に浸透させ伝播させるには、アメリカ映画を観させて洗脳させるのが大いによろしい。急務とせよ」

マッカーサー元帥は夫人と共に駐在しておりました。一番恐れていたのがテロでした。

「四カ月間しか戦う能力なし」

そうアメリカ政府がはじき出していた日本の国力は、日本軍と四年も戦い続けていた元帥が一番良く知っていたのです。

「恐ろしい国民だ！　国民力の国だ！」

そう思うのは、自分自身が激戦の南方の地から逃れてオーストラリア落ちの屈辱を味わっているからこその実感なのだった。

「何時襲ってくるか知れやしない！　特攻隊精神ってやつで！」

ですから、日比谷のＧＨＱでの実務を終えると、寄り道など絶対しないマッカーサー元帥でした。ただただ一直線に宿舎帰りを励行していたのです。

その翌年の四月三十日、マッカーサー暗殺計画を企て五月一日に実行しようとしていた男が逮捕されている。手段に使おうとしていたのは、手榴弾と拳銃であった。

マッカーサーは用心していたから、自分の宿舎をＧＨＱと近間の赤坂にあった米国大使館内に置いていた。そこなら警備は万全だったからだ。

仕事を離れると、遊びに出ない元帥は宿舎内に備えていた映写室をシアターとして、映画館にみたて、夫人と共に映画を楽しんでいたのだ。

その辺は昭和五十二年（一九七七年）に製作されたハリウッド映画『マッカーサー』でみて取れます。グレゴリー・ペックが人間マッカーサーを演じて素晴らしい。宿舎で映画を観ている場面が登場し、スクリーンで上映している映画は西部劇です。そこへ側近の者が現れてそっと耳打ちします。慌てて出て行くのですが、それが朝鮮戦争の勃発だと知れます。

ならばそれは昭和二十五年（一九五〇年）の六月二十五日で、日曜日だと判ります。

私の趣味はマッカーサーの観ていた映画にありました。

話は古池さんから脱線していますが、ごめんなさい。

ＤＶＤを何度も停止し、その画面がジェームズ・スチュワートだと判ったところで、彼の西部劇を片っ端から早回しで流しました。何の映画か調べたくなったからです。マッカーサーの観ていた映画を選出します。

『砂塵』『折れた矢』『怒りの河』『裸の拍車』『遠い国』『ララミーから来た男』『夜の道』『馬上の二人』『リバティ・バランスを射った男』『西部開拓史』『シャイアン』『シェナンドー河』『スタンピード』『ファイヤークリークの決斗』『バンドレロ』『テキサス魂』等々。

ありました！　発見しましたとも！

この日、マッカーサー元帥が妻と共に楽しんでいたのは、『ウィンチェスター銃'73』でした。この年ハリウッドで撮られていた映画です。日本での上映は昭和二十七年（一九五二年）の六月迄待たねばなりません。それこそ出来上がったら直ぐに軍用機で空輸していたってことでしょ！　マッカーサー特別便で直行納入でしょうね。

「ジェームズ・スチュワートは軍人役を嫌ってるのかい？　戦争モノは余りやらない役者だねぇ。でも私は好きだなぁ」

マッカーサーがこう呟いたら、それは直ぐにハリウッドに伝わりましょうね。直ぐに戦争映画にも出るのです。

さて、実際のジェームズ・スチュワートは兵役に服し、陸軍航空隊のB‐24爆撃機に乗って欧州前線の勇士として誉れ高かった人でした。

パイロットとしての出撃回数は二十回、飛行時間は千八百時間。終戦前には大佐に昇進したのです。ちなみにその後空軍を退役して少将になっています。ハリウッドスターの最高位でしょうね。

そんなスターですから、マッカーサーも好きだった筈です。夫人にもそんなことを、映画を観ながら説明していたんでしょうね。

さてさて、そういう人ですから、終戦後の統治の際にダイク大佐に命令したのでしょう。思いおこせば玉音放送から二週間後の八月三十日、もはや米軍の航空基地となった厚木飛行場へ、マッカーサー元帥が降り立ちました。例のレイバンのサングラスにコーンパイプ姿は、日本国民の全てが脳裏に刻みましたよね。

ここから五年八カ月、日本における最高権力者として君臨する訳です。

日本進駐の軍は四十三万二百八十七人でした。厚木から横須賀に入り、九月十二日にはＧＨＱ本部の設置を、日比谷の第一生命ビルに決定します。

この時の博多は、日本中が混迷を深めていて、今後の日本の姿をどう方向付けるのか国民の全てが思いもつかずにいたと同様、ただただ迷っていた筈です。国民の大多数がそうでした。

しかし、九州全体の首府が熊本であったものが、時代の推移と共に福岡へと転じた如く、実際は焼け跡の中から起ち上がって奮い立った人間が、この福岡には数多くおりました。それは、現在の福岡の発展を、敗戦の中から復興させた原動力たる、極く一部の人々ですが、少なからず古池慶輔を支えてくれ、更に薫陶して下さった皆さんです。その家系の方々や縁者の皆様に感謝を込めて列記させて頂きます。

森山馨　森山綿業社長
筑紫歌都子《かつこ》　箏曲筑紫流家元
小島与一　博多人形作家
末永直行　福岡市音楽愛好会会長
長尾勝也　川丈合名・川丈興業社長
伊藤武　共立商品社長
川崎力三　福岡信用金庫
東令三郎　西日本相互銀行会長
安川第五郎　九州電力会長
蟻川五二郎　福岡銀行頭取
佐渡島匡男　日米・コカコーラ専務取締役
安部辰五郎　九州映画協会会長

――これらは一九五〇年と一九六三年の刊行物から抜粋したものです――

古池はアメリカ映画を選んだ

体の大きい人は概して気の弱い人が多いものですが、古池慶輔さんはこれに当たらず、肝の太い人でした。

こうと言ったら一歩も引かず、子供じみたところに手を焼いたと語る人がおりましたが、持って生まれた純粋さが、上の人には可愛がられた様です。

戦後の混乱を抜け出るには、才覚だけではどうにもなりません。度胸も必要としました。それに加えて、よき協力者です。

今、名前を列挙した人達だけでなく、古池さんには、当時「第三国人」等と呼ばれた移入民や帰化人の味方が数多く居たのもありがたいことだったのです。九州には古く炭鉱町の存在と、海を隔てた隣国との交流から在日の人々が多く、交流も深かったし違和感なく人間関係が出来上がっていたのです。

人に先んじて映画館を修復していた時、吉次鹿蔵氏や松本治一郎氏から、ＧＨＱの情報をいち早く入手出来、着実に一歩先を行けたのも幸運でした。

昭和二十年（一九四五年）十月十一日。

戦後復興映画第一作が封切りされました。松竹映画『そよかぜ』です。この映画の主題歌がラジオから流れるや爆発的なヒットになり、戦後歌謡の出発点となりました。並木路子「リンゴの唄」です。

〽赤いリンゴに　くちびる寄せて
だまって見ている　青い空
リンゴは何にも　いわないけれど
リンゴの気持ちは　よくわかる
リンゴ可愛いや　可愛いやリンゴ

四番迄ある歌の中に「リンゴ」が十五回出てくる。まだ自由に食べることなんか出来ない時代に。果物の中で一番有名になったのがリンゴでしたね。リンゴは寒冷地の特産品です。西日本では山口県の極く一部の地域でとれるだけで、東北地方でしか目に出来ない果物です。

さて、日本映画も製作を開始しましたが、九月二十二日、ダイク大佐の命令でチャンバラ映画は撮影禁止となっていました。

鹿蔵社長の助言で、「アメリカ映画が直ぐにどっと出てくるから、それを上映したらどうか」となって、柳橋映画劇場をアメリカ映画の上映館にしたのです。

言の通り、この年の十二月。ＧＨＱはダイク大佐の元に、アメリカ九大映画会社作品の一括配給を旨とするＣＭＰＥ（セントラル・モーション・ピクチュア・エクスチェンジ）を設立したのです。そうして次にダイク大佐は、戦前に日本に輸入されて敵国映画として上映禁止になっていた『ユーコンの叫び』を日比谷で上映して、これをリサーチとして様子を見ることにしたのです。

戦後の四カ月足らずで、敵国《アメリカ》映画の上映ですよ。この年の夏迄殺しあっていた対戦国映画を、日本国民がどうみるかの小手調べの筈でした。終戦直後の年の瀬の話ですよ！日比谷の映画館とＧＨＱの間は、目と鼻の先二百メートルの距離なのです。それが十二月六日、予定は三日間でした。

ところがどうでしょう。

昭和十三年（一九三八年）製作のリパブリック映画の活劇映画に、押すな押すなの長蛇の列です。延長の要望で上映が二週間も続きました。

これに気を良くした民間情報教育局は、一気にアメリカ映画の封切りを決断決行します。年が明けて昭和二十一年（一九四六年）二月二十八日、いよいよアメリカ映画が全国規模で配給されました。その記念すべき作品です。それは、

『春の序曲』

この映画代は十円です。日本映画が三円でしたから非常に高いです。
次いで、
『キュリー夫人』↓『鉄腕ターザン』↓『黄金狂時代』
と続き、終戦翌年のアメリカ映画の配給は四十本でした。記しますね。
一九四六年　四十本
一九四七年　九十二本
一九四八年　七十四本
一九四九年　九十二本
一九五〇年　百三十六本
こんな具合です。
古池さんの腕は、表にも裏にも利く顔がものを言いました。
アメリカ映画解禁と共に、竹の天井でオープンした柳橋劇場も、毎日毎回超満員の客の入りを続け、その儲けを他館の買収に費やして、博多日劇や堅粕《かたかす》映劇と数を増やし、最盛期には十三館までにしています。

田岡一雄という人間

「人生は出会いです」

これが私の人生哲学ですが、だからこそ、どこかで人を苛めたり苦しめたりしてはならないのです。どこで縁が突起してきて深まるか判らないのですから。

目の前だけ見つめて生きていると、小さな輪っかの人生しか送れないかもしれませんね。

田岡一雄という人、一人をとってみても、目の前の出来事を損得だけで動いていなかった人だと心に深く思えます。

戦後のＮＨＫラジオの笑いのスター、川田晴久さんの姿です（写真３）。

そして、この美空ひばりの言葉を頭に入れておいて下さいますか。

「私の芸能界の父は二人います。一人は芸の師匠の川田晴久先生、もう一人は実質的な父である、ある方です」

ある方とは、我が身を削って美空ひばりを支えた田岡一雄さんです。

終戦直後の混乱期に、田岡さんが川田義雄さんの体を治す為に一肌脱いだことが幸運をもたらすのです。この話は後ほど詳しく致しますが、「もう終わった」とさえ言われていた川田さんの力になってやりました。田岡さんのお蔭で仕事が出来るようになった川田さんが、横浜の劇場で出会った少女に着目したのです。川田義雄は後の川田晴久です。

　この少女は、当時独特の破天荒さで売り出していた笠置《かさぎ》シヅ子の物真似で舞台に出ていたのでした。元々、天才的な感覚の芸人だった川田さんでしたから、一発で少女の才能を見抜きました。そして、自分の最大のピンチを救ってくれた田岡という親分に、この少女を引き合わせようとしたのです。

　この少女が美空ひばりなのですから、人生は判らないものです。

「親分！　この子を面倒見てやってくれませんか！　お願いします！」

(3)川田晴久

「うん！」

　うん、と答えたものの、神戸に居る自分が育てようがありません。しかし田岡一雄という人には先代親分からの興行という手づるがありました。

　それが戦前から打っていた浪曲興行でした。その中で太いパイプを作っていた永田貞雄さんは助けの綱でした。

「田岡さん、それならそれなりの人間にマネージングをさせなければ駄目ですよ！」

永田社長は、終戦後の興行を浪曲から流行歌に切り替えていっておりました。

どんなに有名になった歌い手でも、お金を稼ぐには旅公演が一番だったのです。

中には悪辣な興行師が居て、金を持ち逃げしたり、約束分のギャラをくれなかったりしたのです。興行師が全国に二千社も構えていて、その八割以上が堅気でない者達で占めていた戦後の興行界でしたから、実直で手堅く信用を得ていた永田さんは、永田という名前だけで信用される稀有な方だったのです。まさに日本一の手形を刻印されていた興行師だったのです。

この人と手を結んだ田岡一雄親分でしたから、自分が下手を打ってヘマをすれば、それは永田さんの顔に泥を塗ることになってしまいます。

これは転じて、永田さんが理不尽な始末を仕出かせば、田岡さんの評判を落としてしまうのです。従って、至極真っ当に仕事をしておりました。これは、二人の関係を源にして他の関係者へ伝播していきました。

ですからこの二人に結ばれる人の興行に、不評は無かったのです。

「ターキーを面倒見とる者、紹介しよう！」

永田の承諾で紹介されたのは兼松廉吉でした。実質はターキーこと水の江瀧子の彼氏だと知らされましたが、映画界にも顔が利く男だと判りました。

「この娘《こ》を育てるのに、誰かいい人は居ませんかねぇ。お知恵を借りたいと思ってね」

兼松の目には、見せられた写真からは、何の衝動も湧いて来ませんでした。常にある程度の開花を見せている者だけを手掛けてきた経験からの目すりといってもいいミステイクでした。

「この娘《こ》ねぇ……」

と言って、田岡の目の前の畳に写真をポイと投げた。ひばりが笑っている顔が裏返る。

「うっ！」

敷居越しに、これを見ていた若い者が、座していた膝を崩そうとした。

「うっ！」

と田岡は発せず、目で制した。

田岡は、誰にでも下から目線で接した。

物の判った人は、これがくすぐったくて、身の置き処の無い程に辞を低くした。

兼松はこの時、二つの失敗をしたのだ。

田岡一雄と美空ひばりへのミスだった。

私などは数える程しか面対していないし、そもそもランク違いで、その距離は程遠かったが、田岡さんの人間としての質の高さは私でも理解出来た。山口組の三代目親分という既成概念を相手に抱かせぬように、田岡さんは自身の魂のほとばしりを消していると私は理解した。誰にでも見せている謙遜した態度は、ほとんどのやくざが見せる虚勢の姿と、真逆であると私には思えました。

後年、住吉の堀政夫総長にも田岡さんと同じ感慨を覚えましたが、それは言葉にすれば「虚静」でした。心に何のわだかまりもなく、静かに落ちついている風情をいいます。

本当に、どんな時でも驕りや昂りを見せないのです。私は何時でも片隅に身を置きながら、じっと見つめておりました。

役者になろうとしていた頃の自分と、役者に為っての目で見つめた経験ですが、優れた人というものは皆、静かです。身の内にどっしりとした鎮まりを納めております。田岡さんはその権化でした。余人には感じぬ稀なる静けさを持つ方だと、未熟な私でさえも判りました。

田岡一雄の発展途上の話ではありますが、若き日の田岡さんだから不完全だったとは私には思えません。恐らく兼松廉吉さんの人を見る目の無さ故の所作だと思います。

さて。

田岡一雄という人を読み違え、更に写真にあった少女を読めなかったのは、兼松という人の運の無さでした。ひばりは直ぐに舞い上がるのですから。運を逃したと人は言うが、それは違いますｏ 運を摑むのは、その人の資質なのです。

兼松の無礼にも田岡一雄は素知らぬふりで、逆に水の江瀧子の巡業を永田貞雄に組み立てさせ、博多の古池慶輔のもとへ送り出して九州を巡演させてやりました。

永田〜田岡〜古池の興行ラインは、戦前から組み上がっていたラインだったのです。

永田〜田岡〜古池というライン

さてさて、古池慶輔さんの運は、この興行ラインの構築と成立の上に成り立っていました。

勿論このラインが出来上がっていった裏には、戦前の日本社会の機構がありました。簡単に申せば、表社会と裏社会の仕組みでした。江戸時代に埋め込まれた風習は、いくら近代になろうと消え去るものではありませんでした。

私がいう、ハレとケ（終章で詳しく述べます）の世間的常識は、根強く日本社会に存在し続けているのです。

それを、そのまま当てはめるつもりはありませんが、九州という地の中には、色濃く残る意識や慣習がありました。

「西は頼みますね！」と永田さん。

「判りました。全力を尽くしますよ！」と田岡さん。

永田貞雄と田岡一雄の興行上の盟約は、戦前から長い時間に培ってきたものなのです。

永田は九州鎮台府を博多と定め、その任に古池社長を願ったのです。古池は親分と言われる程、他人の為に尽くすのを無上の喜びとしている九州男児でした。佐賀出身の永田とは気も心もピッタリ合ったのでしょう。そこに田岡一雄が加わりました。鬼に金棒でありました。

この決定の最大のポイントは古池慶輔の血統に他なりません。「部落解放の父」と仰がれていた松本治一郎、その母方の直系の総領たる古池慶輔はうってつけの男でした。それが興行師であったことが、なんと幸いしたことか。

「興行とは、人に夢と希望を与える」

これは山口組二代目・山口登の言葉なのです！　そう言い切った田岡一雄の信念も、永田や古池に浸透していた筈です。


さて、こうした一本の糸が輪になっている中には三人の絆の他に、吉本興業社長の林正之助、その弟で東京在住の吉本株式会社初代社長の林弘高とも強い絆で結ばれていたのを忘れてはなりません。

ここに明治座の新田新作などが手を結んでおりました。新田社長が永田との縁が出来ましたのは、力道山の存在です。力道山はそもそも古池親分の引きで、この線に強く繋がってくるのです。「力道山といえば新田さん」と世の人は考えましょうが、その根本不変の味方は古池慶輔なのです。

この人々が俗に言う利益追求型の人間でなく悠然としていたのには、大きな理由が存在していたと思います。それは、古池慶輔のバックに松本治一郎があるように、田岡一雄には港湾関係者の存在がありました。

日本は、船を主流として外国と交流していたことや、貿易面から、長い時代を港がその玄関口として当たってきました。港の海底深度が浅い日本の港には、岸壁に船舶の大型貨物船などが横づけ出来ず、深間に碇泊し近接する小型船に荷を下ろして運び込む方式がとられて来ました。

必然的に港湾労働者が必要となった訳です。港の隣接地には大企業の倉庫群が建ち並び、ここへ陸あげされた物資を納める運送業と、倉庫から目的地へ運ぶ運搬業とが、近代化の波の中で確立されていきました。

この中で、沖合の船舶から港へ運ぶ業を担う人達を沖仲仕《おきなかし》と言いました。又、彼等は陸から船へと荷を積み込む業を担いました。

この港湾労働者は、ことごとく気も荒く高賃金ではあったが体力を必要とした為に、彼等を仕切るのは通常の者ではとうてい収まりがつかない現実がありました。

ここです。ここを解決したのは、日本という国の現実を仕切って来た知恵者の仕組みでした。詳細は、終章で展開しましょう。

人が集まる人の話

さて、私が考えるに、恐らく博多の地における古池親分の存在は、永田貞雄にしても、神戸の田岡一雄にとっても、

「こういう人を懐の深い人間って言うのんやろなぁ」

と思わせる感慨を与えていたのだと思われます。この大物二人が、窮状に耐え難く、古池慶輔に一報を入れるや、二つ返事で引き受けて艱難を打破してくれたのが、一度や二度ではないからです。

古池さんは、終戦後いち早く駐留軍との連携が出来上がっていました。古池さんは「博多の裏市長」と言われるほどの実力者でしたが、それはこの人の持つ独特の人脈にありました。

隠然たる力を有していたにもかかわらず、GHQによる公職追放で隠遁せざるを得なかった松本治一郎先生をはじめ、九州の主だった人々が一度は古池慶輔の力を借りたのです。

古池さんが偉いのは、その時に利益を要求しなかった点です。苦難を脱した者は、皆、

恩義を胸に仕舞ってあるのです。いつか恩を返そうと胸の内に収めているのです。

田岡一雄という親分がそうでした。

利益で動かない人でしたが、人の恩を身に染めて生きていた方でした。永田貞雄さんも武士でした。身の程を弁えていて、何よりも人の喜ぶ顔を見るのが喜びだと語る人でした。「類は友を呼ぶ」です。自然の流れで出来上がった人間関係でしょう。

この頃、川田義雄は、命の恩人達の力で、脊椎カリエスの再発から脱却しかかっておりました。田岡一雄が大金を知り合いの映画館から借り入れ、刎頸《ふんけい》の友たる博多の古池慶輔に願ってペニシリンを入手しました。この特効薬のお蔭で、川田義雄は仕事が出来るほどに回復したのです。

当時、ペニシリンなどは法外な値段もさることながら、入手経路を手にしている者にしか日本人は手に出来なかった筈です。川田義雄を救ったのはペニシリンだが、本当に救ったのは田岡一雄のラインだと私は、私の調べと考察で特筆しておきたい。

情の深さが金銭よりも重い時代だから出来た行為ではないのだ。人間そのものの問題だと思う。

「力のある人間になりたい！」

そう思う人間の心根の中に、

「人の面倒見るのが好きだ！」

そうした本質がある人間が力を得て、人の面倒を見た歴史があったのだ。

その一端を、永田貞雄に見て、田岡一雄から感じ取って、古池慶輔で知らされてみているのです。

しかし、何時の世も「蛇の道は蛇」なのです。道理には表と裏があるのです。

昼の世界があれば夜の世界がある訳です。


このペニシリン入手を深く考察すると、そこには古池さんの盟友が浮かんで参ります。その人の名は、九州のキャバレー王と称賛された山本平八郎さんです。

この人は博多の地では余りに有名でした。後に山王下に「ニューラテンクォーター」という日本初の本格的ナイトクラブを創設しました。

私なんかの弱輩者でも、水原弘の使いで山本社長の赤坂見附の事務所へ、何度も顔を出しました。その度に社長はこう仰いました。

「お水さんも仕方ないなぁ！　借金の言い訳になべちゃんを寄こすんだものなぁ！　私が、あんたの頑張りを誉めたんで来させるんだからなぁ！　怒れんとですもんね！」

若き付人の私には、博多の地の有力者としての存在も、その友人の古池さんとの仲も知る由はありませんでした。

山本社長は九州一のキャバレー王で、東京にも戦後いち早く進出しました。それは九州に駐留する連合軍との相互関係が、暗黙のうちに出来上がっていたからではないでしょうか。性的捌け口としてのＧＨＱ側への配慮です。現代では考えられませんが、風俗問題が兵站部《へいたんぶ》の大切な役割でありました。東京のクラブ設立も米軍用にでした。

ＧＨＱとの接触で、九州各地で駐留軍の兵員の息抜きに供与する体制を調えていった山本さんには、米軍の恩恵が下るのは当然の理。山本さんが米軍からペニシリンを入手するなど、いとも容易いことでしょう。

山本さんの友人の一人に、佐渡島匡男という人がおりました。この人が九州で最初にコカ・コーラを販売する権利を得るのですが、これも山本さんの力です。

この山本さんにしても、在日の人間としての苦労を理解し、何かと協力を惜しまない古池慶輔という日本人は、本当に心強い味方であった筈です。これも連環です。

小倉《こくら》でも門司《もじ》でも、キャバレー出店の際には古池さんの助力は不可欠でありました。古池親分と呼ばれる人は、どんなに協力はしても山本さんの稼業に手を出して来ないのです。これがいたく山本さんの心を揺さ振ったのでしょうね。

永田〜田岡〜古池〜山本〜佐渡島のラインは、輪に為って繋がるのです。直線ではありません。ぐるりと一つの輪を作って結ばれていくのです。それが連環ですよね。

この輪《わ》が和《わ》を創っていったのでしょう。

その輪と和の中に、永田社長が長い年月の間で興行師として関係を築いてきた各地の興行師達、それを理解している企業家などが入って来るのです。

田岡さんの持つ、やくざの世界の気心通じた人々や、各地の港湾関係の重鎮も、この輪に身を投じて来るのです。表と裏の合体です。

勿論、この輪の中には政治家も連なっていました。日本の政治家は主に各官庁出身の官僚上がりの政治家と、地方政治から這い上がった「党人派」の先生とがありました。

私が申し上げている「輪」の結束人達は、全て「ケ」と「ハレ」の世界では「ハレ」の世界の人間として、表舞台では卑下されていたのです。昭和二十年（一九四五年）からの時代は、現代とは段違いの差別があった時代です。昭和二十一年（一九四六年）設立の、日本経済の中核をなす「経団連」には、ハレの世界の経営者は入れてもらえなかったのです。

ハレの企業とは、主に遊興の業です。

その根底には間違いなく、江戸時代の因習と思想がありました。

新聞社は、瓦版売りが原点だからと敬遠されました。瓦版とは、その絵や文字を粘土に彫刻して瓦のように焼いたものを原版としたのですが、その業は、士農工商に属さぬ人々の業でした。「カワラ版」とは、木版を使う時でもそう呼ばれていたのですから、実際は「河原版」、河原者が売っている「読売」の意味が強いと私は考えています。

そして印刷時に上から擦るバレン（馬楝）という小道具は、今では竹の皮で包まれていますが、当時は馬の皮で出来ていました。馬の皮を使うという業だけで、差別されていたのです。

私は渡辺姓ですが、「渡辺族」は日本で最初に差別を受けて穢多《えた》村に封じ込められました。日本最初の穢多村の誕生は大阪の「渡辺村」です。しかし、その囲われの地で牛馬の斃《へい》死《し》を司り、皮革の鞣《なめ》しや染色、加工を一手に委《まか》され、太鼓の製造は渡辺村の専業とされていたのです。天正時代からのことです。バレンも渡辺村で作っていたと思います。

勿論、江戸が首府になって文化の中心地となるのですから、浅草などに出先機関が出来ていたでしょう。当然渡辺村の頭領、岸部氏から弾左衛門に話が通っている上の話でしょうね。

こう考えてみても、私には裏の世界のほうが結束や約束は固いと思えてしまいます。

表社会の離合集散には、全て利益が優先します。裏社会と敢えて言っていますが、表が裏を卑下し差別している間に、裏世界の者は結集し精進して社会に歩を進めていきました。

「新聞社なんて、カワラ版屋の成り上がりじゃないか！」

と仲間外れしているうちに、新聞社は子会社にラジオ局、次いでテレビ局を持ち、日本企業の中核に進み出てしまったのでした。

興行会社の役割とは

テレビが現代社会の中で、人々の娯楽の王座を占めて久しくなりましたが、「座って家で見ている文化」なんて、昭和二十年（一九四五年）から昭和二十八年（一九五三年）迄は考えようもなかった夢でした。否、夢にも思わなかったのです。

戦前から長い時代を、興行は地方へ文化を送り届けているのです。地方にとって、興行こそが娯楽の王様でありました。

さて、興行を業にしている者には二つの道があります。

一つは、興行すべき組み立てをして、これを売る興行社です。この送り出す一行や一座を、彼等の業界言葉で「荷物」と言います。単に「荷」とも言われます。この荷作りが大変です。ここは、興行師の顔と腕がモノを言います。良い荷物を組み立てることが興行師の第一の眼目です。誰もが手を出したくなる人気者を、己の陣営に引き入れることが一番大切なのです。そうした荷物は直ぐに全国に売れるのは必定ですから。

もう一つの興行師は、座元の興行社の荷物を買って興行に掛ける興行師です。又は、こうした荷を買って、直ぐに他処に売る興行師もおります。

私が取り上げた戦前戦後の時代に九州の人々に喜びを与え続けた興行師・古池慶輔社長

は、自分の劇場に「荷」を買って公演させる側の人間です。

同時に、この人は九州地方全体の掛小屋興行権を有していました。元締めです。これは大きな力です。

力道山の項で書きますが、長崎・大村の興行師、百田巳之吉さんが地元で二所ノ関部屋の巡業を仕切ったとしても、古池さんの許可をもらっていたと判ります。こうした古池さんの権利取得の裏には、部落解放同盟委員長の松本治一郎先生の力が働いていたと考えるのが妥当です。

何しろ古池社長は松本先生の母方の本家筋の人間でしたから、お互いに協力し、結束は固かったのです。このことは古池社長を語る上で、欠かせない重要な点です。

この古池社長の存在は、戦前から九州への芸能人やスポーツ興行の橋頭堡《きょうとうほ》として、確固たる地位を築いておりました。各種の「荷」を企画する中央の興行師にとって、古池社長の存在は九州の鎮台府としてありがたい味方であったと思います。

又、古池社長にしても、九州を巡らせる歌手などが、第一に自分の処へ下駄を脱いでくれるのは嬉しかったでしょう。

その客の入り具合で、その後の巡業の目処が立ちましたから、「荷」を預けた興行社側も、古池さんの価値は理解していったと思われます。

しかし、こうした親しみの信頼は簡単には得られるものではありません。

九州には九州の独特の気質と気風がありました。各地に広がる炭田地帯と、採炭の工業化が進んだ明治時代から続く筑豊《ちくほう》の労働者の生活から生まれた生き様は、この地方の約定を作り出していました。生活信条というべき掟がありました。土地柄の気質というものです。現在の「全日本同和会」会長の松尾信悟さんも松本家の縁者です。

今の世は、全て明文化して、それを根拠としていますが、日本の歴史には、文章として存在していないが、はっきり存在している約束事がたくさんありました。「しきたり」とか「定め」とか「風習」とか「慣《ならわし》」とか「掟」とか呼ばれるものです。

火野葦平の『花と龍』を読んで頂くと、九州人魂が見えて来るのですね。

余談ですが、私はこの映画が好きで、石原裕次郎、中村錦之助（後の萬屋錦之介）、高倉健それぞれの主演作を持っていて家で観て喜んでおります。

この原稿の書く手を止めて、これから全てを観たくなりましたので……実行です。

＊

二日間をかけて日活作品、東映二作品を見ました。主役の玉井金五郎は実在の人間です。後年は北九州興行社を創設。長男は火野葦平として『花と龍』や『麦と兵隊』などを著した戦後の売れっ子作家でした。作家でありながら父親の玉井組を継いで、二代目玉井組組長になっています。

北九州の興行を仕切っておりましたから、初代の玉井金五郎さんや二代目に、博多の古池さんは教わることが多かったのです。職業柄深い親交がありました。

こうした人々との交流も、九州という一地方の気質が古池さんの熱い血を動かし、感化を受け育っていったとしか思えません。

古池さんは昭和五年（一九三〇年）に、弱冠二十二歳で興行企業に転じ、昭和十六年（一九四一年）に「亜細亜興行」を興しました。その後、昭和二十年（一九四五年）に「日本産業」、そして昭和三十七年（一九六二年）には「九州芸能社」を起業しています。

時あたかもテレビ時代の黎明期でした。映画そのものがテレビにとって代わられようとする頃ですね。

昭和二十九年（一九五四年）に大型テレビが古池家に来た時、奥さんがこう呟いたのを、母の言葉として慶子さんが記憶しております。

「映画館主がテレビ買って喜んでいるようじゃ、映画の先行きも暗かねぇ！」

本当は子供三人を育てて、家庭をかえりみず、放蕩の限りを尽くす夫に従って生きたマサヨ奥様こそが、古池慶輔の最大の味方でしたが、それが本人には見えず年月を重ねていたのでした。

日本一の興行師・永田貞雄

さて古池さんと永田貞雄とは、どの辺で知り合ったのだろう。

勿論、戦前の話だ。古池さんにとって、永田貞雄という日本一の興行師との知り合いは早かったろう。

佐賀の杵島《きしま》炭鉱の納屋頭の息子として生まれた永田さんは、小学生で浪曲界に入った。学校は小学五年生でやめています。

結局、浪曲師にはならず、松竹系の浪曲プロダクションの事務方になります。

そこで独特の才覚と手腕を発揮し、みるみる浪曲興行の実体を学び取っていきました。

現代の私達では知り得ない、戦前の興行を少し話しましょう。

戦前と戦後の少しの年月は、全国的に興行して歩く本道は浪曲にありました。

今の時代のように音楽ライブ興行などは、少ないものでした。それはバンドを必要とする関係で、大勢の人間を連れ歩く必要経費が、絶対に採算に合わなかったからです。

浪曲は、人気の浪曲師と三味線を弾く曲師で成り立ちました。ラジオから流れる節まわしが、認知を受けていたのです。

全国区の浪曲師ともなれば、どんな地方でも客は大入りでした。でも、人気のない浪曲師もたくさんいた筈ですね。

ラジオの普及がＮＨＫだけの時代が長かったので、電波の届かない地も多かった。今で言うメジャーの芸人は非常に少なく、全国的に名が売れれば、今の時代の売れっ子よりも数段上だった筈です。何しろ大スターは少なかったから。

娯楽の少なかった時代の興行は、売れっ子が来るとなれば、それだけで大きく受け入れられ、儲けだけでなく呼んだ興行師も勧進元《かんじんもと》も、当分鼻高々と暮らせました。


私が興行での至言だと思っている言葉があります。それは田岡一雄さんの口癖です。

「興行は、大勢の人に夢や希望を与える」

山口組二代目、三代目の境地こそ、まさに興行の本質ではないでしょうか。「だから素晴らしい職業だ！」と。

商売といえば商売、金儲けといえば金儲けでしょう。損して興行をし得る者などありません。かといって、金儲けの為だけで興行をビジネスにするなど絶対にありえません。

商う物が人間です。「荷物」が人間なのです。人間が好きなのです。

その荷との関係には、多くの人々が携わっているのです。人間とは、人と人の「間」の関係を言い表している言葉です。興行師は、人と人の間を結ぶ仕事です。

永田貞雄という御方は、その機微に長けた方でした。

「客に喜んでもらう為に、出演する師匠達に喜んでもらわなくてどうする！」

これが日本一たる興行界のドン、永田貞雄の哲学でした。

「田岡はん！　興行の世界で手を組むなら、わしの考えも受け入れて下さいませんか！」

そう話した筈です。

「ほう！」

「私の仕事は、日本各地の文化に乏しい人々へ、中央の文化を届ける役目です」

「そうやね！」

「ですから、地方へ行った芸人が、心持ち良く仕事が出来なくてはなりません！」

「そりゃそうや！」

「ですから、その土地その土地で、意地悪されたり脅かされていたら、舞台を気持ちよく務めることが出来ません。芸人は皆、単純です。晴ればれとさせてやれば、それだけ舞台で輝いてくれるのが常識です。そうすれば、得をするのはお客様です。精いっぱい演じる師匠の芸に酔えるのです」

「なーるほど、そうやなあ！」

「ご存じのように、わしの組んだ荷物は、受け入れ側はほとんどが組関係です。そちらでどのような事態が起こるか知れやしません。あなたの親分と、わしが兄弟分の縁を結んだのは、それを側面から助力して頂く約束が固く出来ていたからでした」

「そうやね、その通りや！」

「田岡はん、当方の出来る限りの手助けは致しましょう。今後、西への荷物は、あんさんのお力をお貸し下さらんか！　私は二代目とそうしていた男なんです！」

「……！」

少し無言があって後、大きく頷いた。

男二人、二言は無い武士の魂の持ち主だった。永田が「西へ」と言ったのには訳がある。東西で考えると、西とは関西以西、九州までなのだ。東は関東で、ここは興行が群雄割拠だった。そして東北六県は自由芸能社の縄張りで、これは松葉会系の強固な支配下に置かれていたのです。

更に言えば、北海道は本間興業の独占地だった。

私などが芸能界に首を突っ込んで、付人として歌手・水原弘や、ハナ肇とクレージー・キャッツの興行に同道した昭和三十五年（一九六〇年）頃でも、戦前に出来上がっていた興行界のルートは、あらゆる点で少しも色褪せてはおりませんでしたね。

本間興業の話のさわり

私の知る限り、昭和三十年代、東京では本間興業の代行は山崎事務所がしていたと思います。この社長は、柳家金語楼《きんごろう》を抱えるマネージャーで、ここには喜劇のスターがたくさんおりましたね。私は何故か山崎社長に可愛がられました。

東宝女優の笹るみ子と恋愛し、直ぐ自分のアパートで同棲をした時、私は駆け出しでしたから、食うや食わずの月給でした。一万円でしたね。東京オリンピックの少し前、昭和三十六年（一九六一年）頃です。笹るみ子は東宝映画の女優で、少しは大切にされていましたから、テレビに呼ばれて出てもギャラが高いんです。

こんなのと一緒に居たら、私達の生活の基盤が成り立ちません。

「俺が良くなる迄、我慢して、お前は稼ぐな！　俺が東宝と話を付けてくる！」

そう言って、東宝本社の俳優課で談判しましたが、相手は「あん？」てなもんです。

そりゃそうです。私、無名の役者です。

「とにかく、笹るみ子の仕事を入れないで下さい。契約が切れたら辞めさせますから！」

そう言っても、

「あーん？　あんた何？」

ってなもんです。押し問答していましたら、

「よっ！　なべちゃん！　どうした？」

と、声を掛けて下さったのが山崎社長でした。私は付人時代の五年間に、知る人ぞ知る有名ボーヤでした。

ボーヤは、ボーイって意味。名前なんて無いに等しい、芸能・音楽関係の最下層の働き蜂なんです。

「一寸！　そこのボーヤさん！」

それで事足りる存在なんです。

さて、私がワケを話すと、

「よーし！　今日から笹るみ子は金星プロの山崎が面倒見ることにしよう！」

そう言って私を外に連れ出した。

「なべちゃん、お前さんは見処ある奴だと思ってたが、凄いなあ！　男の気概ってものを持っている！　よし、後はこの石井と相談しとくれ！　いいな！」

これで救われた。

石井女史は山崎さんの片腕で、後年は田崎潤さんのマネージャーをしていた女傑で、私もるみ子も可愛がってもらった。

このお蔭で、結婚する迄の約三年間を、ほんの僅かな仕事で笹るみ子は乗り切って、東

宝からも睨まれずに事無きを得た。

この山崎さんこそが、北海道の本間興業の東京におけるお目付役で、ここに頼めば海を越えられたのです。

東宝の映画関係者でも、山崎さんが一言、

「笹るみ子はウチで預かる！　よろしくね！」

これでOKなくらい力を持っていたのは、本間興業が昭和三十年代には映画館を多数持ち、タクシー会社やホテルの経営を為し、北海道に打ち立てた名跡が通っていた証拠だったのだ。

ある面、中央から遠方の地にある雄として、日本有数の老舗であることに間違いない。凄い持続だ。

戦前から喜劇人の地方公演を組織し、企画制作をして名を為した山崎房美社長には、東京のプロダクションの社長や興行社の人間が敬意をもって接していたのです。

新しいプロダクションが勃興し力を付けていく昭和三十年代にあって、古いタイプの人間でした。

古いタイプというのは、筋《すじ》を大切にして仕事を成り立たせています。

筋とは、物事の条理、道理です。内情や実情を知った上で、それを自分の道筋として生きる姿勢です。

「そのほうが儲かるから」「こっちのほうがやりやすいから」とかで動かず、ものの道理を基準としている訳です。

有利とか不利とかでビジネスを進めてはいません。

山崎さんは、私などの小粒の新米に、実に優しかった。

金語楼さんや若手の平凡太郎《たいらぼんたろう》さん、そして女流喜劇人として売り出し中の若水ヤエ子さんなどを抱えている喜劇事務所の社長でもあった方でした。そして、私にこう仰った。

「なべ君！　喜劇の世界を目指して飛び込んで来てくれてありがとう！　本当に。君を見ていて、わたしゃ嬉しいんだよ！」

永田社長の偉大さ

恐らく、山崎社長は永田貞雄さんとの接点も強かったのだろう。

永田さんの生み出す「荷」は、西は田岡一雄親分の暗黙のバックアップが働いていた。

しかし、北の興行界は、戦前戦後は松葉会の仕切りとなっていた。ここには、流石の田岡さんでも口をはさめません。そこを庭場として各地に興行師がいたのです。

信越方面はシバタ興行の仕切りで、これは江戸時代からの流れなのです。後に記しましょう。

名古屋は鵜飼興業の天下でしたから、東海地方では私がデビュー時にお世話になった神谷浩一郎さんが、やがて社長になっていました。

永田さんでも、こうした各地の方々との連携で、筋目を踏まえた売り方をしていたのです。それは、戦前から浪曲師を目指しながら、それを断念し、自分が興行師の世界に向かって歩いた苦難で得た知識と経験です。

私は永田さんとの面識はありません。ですが、この天下一の興行師の名と力は、日本の興行に関わる全ての人に知られていたのです。

昭和三十年代に、テレビで各種のスターを手に取るように見られる時代が来ても、興行の占める娯楽の比重は少しも変わらなかった筈です。むしろ人気者が出来やすくなり、興行が喜ばれたからです。従来の芸能社ではなく、新しい形態のプロダクションが登場しても、永田社長の重さは変わらなかったのです。

興行というのは「ケ」の世界に対する「ハレ」の世界の実体ですから、次第に興行を牛耳る人間に対し、圧力が加わる世情が生まれて行きました。

新しい企業体のプロダクションとして、脚光を浴び伸していった渡辺プロダクションでも、新しい地方興行など考え出せは致しません。時代と共に、暴力団の関わる興行には公共施設は使わせないと為っていったのですが、昭和三十年代は、まだまだ綺麗事で成り立つ世界ではありませんでした。

渡辺プロの地方公演の前面に立ったのは、何を隠そう永田貞雄のニッシンプロだったのです。前面に立ってのバックアップだから面白い。

私が水原弘の付人時代の話です。

暮れになると必ず、一カ月の旅公演が入っていました。九州地方を一カ月巡ってくると、渡辺プロ社員の全ボーナスが稼ぎ出せたのです。

水原が西を旅すれば、ザ・ピーナッツが北を回っていました。

東北や北海道には山崎さんの力が必要だったのです。永田さんの依頼です。

「やくざとの仕事は、当方はお断り!」

そう宣言していた渡辺晋社長でしたが、ニッシンプロに「荷」を売ることで経済を安定させていたのが事実です。水原の旅には、永田さんのニッシンプロから若手社員の伊藤さんと吉岡さんが付いて回っておりました。

私は水原の付人として、永田社長の若い衆の仕事ぶりを見ておりました。

その一人が伊藤喜久雄さんでした。

昭和八年(一九三三年)生まれですから、市川昭介さん、渡辺貞夫さん、藤田まことさん、伊丹十三さん、川崎敬三さん、淡路恵子さん、黒柳徹子さん、菅原文太さん、草笛光子さん、若尾文子《あやこ》さん、宍戸錠さん等と同じ年です。

「見て、覚えろ！」

二十《はたち》の時、永田社長の元に入った伊藤さんに贈られた言葉だと仰いました。

見て覚えろとは、私にも記憶に深い言葉だ。自分のことで恐れ多いが、私が昭和三十五年（一九六〇年）に勝新太郎の家の部屋子として、付人の下積みに入った日の夜、勝の卓の前へ正座して聞かされた言葉が、これです。

「お前に最初に言っておこう！　俺はお前に何も教えない！　お前は人を見て学べ！　いいか、〝学ぶ〟は〝真似《まね》ぶ〟、〝真似《まね》ぶ〟は〝学ぶ〟なんだ。それを心に入れておけ！」

伊藤さんは永田さんから学び取り、そして興行専門の「アイエス」社を昭和四十四年（一九六九年）に起ち上げました。在野に下っている数々の栄光あった歌手が、なんとか再起を果たしたいと願った時の、その救いの神的存在が「アイエスの伊藤喜久雄」でした。

単なる旅役者一座の存在だった男を、「下町の玉三郎」として売り出します。梅沢富美男さんです。

光を失って沈んでいた小林旭さんにも、光を当てました。

ともすれば腐ってしまいそうだった舟木一夫さんを再生させ、若々しく育て直して、今にあるのも伊藤さんの力です。永田さんの生んだ宝です。凄い人です。己の元で育った若者を今は社長に据え、自らは相談役として健在です。

「おやじの倅《せがれ》が立派になってましてね。私も嬉しいが、永田のおやっさんが喜んでおりま

(4)昭和61年10月30日、晩年の永田翁と息子・永田友純氏(右隣、ホットスタッフ・プロモーション社長)。内田裕也の姿も。

しょうね!」

そう伊藤さんは目を細めます。

その永田貞雄の倅とは、永田友純さんだ。ホットスタッフ・プロモーション社長だ(写真4)。

「私、父の五十一歳の時の子です」

この人も父を黙って見てビジネスを学び取った人でした。

これはどこでも同じですが、親と子はいえ、学ぼうとしない子に、栄光はありません。恵まれて育てば育つほど、家庭でも会社でも駄目になっていくのが常道です。

永田貞雄さんから伊藤喜久雄が育ち、アイエスが生まれ、そこから後を継いで子飼いの名倉正典社長が巣立ちました。

そして実子、永田友純さんは日本のコ

ンサート興行の第一人者だ。

呼び屋としてのウドー音楽事務所が外国人タレントの雄なら、ホットスタッフ・プロは国内専一の興行社のキングなのだ。

永田貞雄さん達が築き上げた、娯楽の世界の道筋が、きちんと現在も継承されているから、皆さん喜んでいることでしょう。

田岡親分が、心の奥底に置いていた「興行は、人々に夢と希望を与える」精神は、誠に全ての道の真理なのではないのですかね。

人の為になるということは、この「人々に夢と希望を与える」ことなんですね。

政治でも商売でも芸能でも同じです。

ついでに申し上げると医者の世界だってそうなんじゃないでしょうか。

東京慈恵会医科大学の創始者・高木兼寛《かねひろ》先生は、「病気を診ずして病人を診よ」と論じている。

病人を理解してやるのが医者なのだ。病気と対処する前に病人と向き合わなくてはならないのです。

人間を相手にする業は、人間が好きな者の領分だと思います。

それは、人々に夢と希望を与える役目を担っている人間の使命だと思うからです。

さて、永田貞雄さんは自分の仕事に誇りを持って生きていたから、この心は以心伝心で、伝播したでしょう。この心は、連環の人々の宝でした。

永田貞雄さんの偉さは、筋の違うことに対しては、相手の興行師が堅気だろうがやくざ者だろうが一歩も引かず、筋を通し抜いて生きた点です。

ですから、それに連なる多くの人々が、永田さんを信頼し友好を結んでいたのです。

力道山、新田新作、田岡一雄、今里広記、松尾國三《くにぞう》、林弘高、の諸氏は、戦後それぞれが名を為して行く人々です。

それが永田さんの線に繋がっておりました。

そして、その線に結ばれて、古池慶輔が存在していたことを覚えておいて下さい。

二章

力道山と美空ひばり

力道山が巡り合った人たち

力道山は相撲の世界に十年居た。

その中での生活は、外国人として日本に渡来して来た人間ではないと決して判らない苦労が充満していた筈だ。

言葉の問題、習慣の違い、考え方の違い、食べ物の違い。

そして、相撲社会の親方との疑似親子関係。

こうした艱難辛苦を一つ一つ乗り越えていった力道山には、調べれば調べる程、頭が下がる思いがする。私が思ってみても力道山には何の助力も出来ないが、ああ、天は良くしたもので、その努力を思い至り、感心して下さる人間が居たから嬉しい。佳い時代だ。

それが古池さんであり、この後の話に出てくる大野伴睦《ばんぼく》先生なのだ。

力道山の人生は短い。余りにも短い。三十九歳で没しているのは、当時は皆惜しんだものだ。

その人生は、万丈の高みと深みと苦節に満ちている。

並ではない。

十五歳で日本に来て入門した時から、三十九歳で没する迄の二十四年間は日本での生活だ。その中で巡り合った幸運の人間を、私なりに考えてみた。

一、百田巳之吉（長崎大村の興行師）
一、新田新作（新田建設・明治座社長）
一、今里広記（日本精工社長）
一、永田貞雄（日新プロ社長・日本一の興行師）
一、田岡一雄（神戸芸能社社長）
一、大野伴睦（自民党の重鎮代議士）
一、古池慶輔（九州芸能社社長）
一、松本治一郎（部落解放同盟総師）
一、大山倍達（日本一の空手家）

百田巳之吉さんから田岡一雄さん迄は、その関係は知られているところだ。

だが、その後の大野伴睦、古池慶輔、松本治一郎、大山倍達の存在無くして、力道山の活躍は考えられないのだ。

決断

「ダイドウ！　あんたどうする！」

「どうするって、あんたこそどうする？」

「うん！」

うんと答えて動かなかった。その目は中空に流れる白雲を見ていた。夏の陽は容赦なく降り注いでいて、その中を入道雲の細切れがゆっくり流れていた。

「なあ！　どうする！」

雲が視界から去ると、太陽だけがギラギラと輝いていた。

力道山は動かなかった。

胸ボタンを開け、腕まくりした白いワイシャツが汗で肌に吸い付いている。そのまま胸の筋肉を浮き出させていた。太い首筋を汗の玉が走って落ちた。

こんな時の力道山は、自分の内に閉じこもる。人の関与を嫌った。

それを同国人として深く理解していた大同山。柔道の猛者だったが、志を断たれていた。

「朝鮮人じゃないか！　日本選手権なんか出場は無理だよ！」

それで力道山を頼って、相撲で出世しようと首を突っ込んだばかりだった。ところが、関脇の身で力道山は辞めると言い出したのだ。

最終的な決断は博多の地でとなって、古池社長の事務所で顔を揃えていた。二人共に同じ楔《くさび》に行く所を阻まれたのだ。

もう何回も古池社長のこの事務所で話し合ったが、今日は結論が出そうな気が大同山にはしていた。だから、妻や娘も連れて来ていた。妻は神戸の長田区生まれ、大同山は大阪の生田区育ちだった。

運命の時の気がしていた。

「朝鮮人なんか大関に出来ませんよ！」

「国技なんだからね！」

力道山がそう聞かされたのは、昭和二十四年（一九四九年）の夏場所直前だった。初土俵から九年で関脇に昇進し、「大関になってみせる」と力んでみせた時の、相撲関係者からの言葉。その落胆ぶりは成績が示していて、三勝十二敗だった。

「我慢、我慢！　勝ち進んだらよか！」

と、古池社長に励まされて帰ったのだ。

力道山は「親分」と「社長」を使い分けている（写真5）。

少し前の春場所は、西小結で八勝五敗。

「勝ち越しました！」

(5)プロレス入り後、古池慶輔の前でくつろいだ様子の力道山。

博多まで報告に来る、夜汽車も厭わない力道山を、古池慶輔は心底嬉しく感心していたのだ。汽車賃は勿論のこと、充分な祝儀で応えるのを常としていた。それに加えての用意が待っていた。

これは堅気の旦那衆では出来ないことだった。酸いも甘いも噛み分けている人は、全国を巡業して歩く力道山の身辺にも、そうは居なかった。大村の百田さんに連れて来られた当初は、日本語も話せなかった。その頃から少しも変わりなく接してくれていた。大同山を付人として連れて来ても、自分と同じように面倒を見てくれるのだった。

その古池夫妻が事務所奥の一段高くなっている所に座っていた。

力道山が振り向いた。

勢いに驚いた大同山の娘が母親に抱き付く。

「俺は残る！」

全てを投げ捨てる決心と見えた。もう暗い顔はどこにもなく、笑顔が残った。

「大同！　故郷に帰れ！　わしは日本人になる！　なってみせるぞ！」

古池夫妻に向かって、両手の拳を固く握って胸をドンドンと叩いてみせた。

「キングコングみたいだったわ！」

古池夫人のマサヨさんの率直な感想です。

「母がそう話してくれたの！」

娘の慶子さんの話を、私が聞いた訳です。そうか！と、私は色々なことが繋がってくるのが不思議で仕方がない。実に不思議だ。

力道山と私は、直接の関係はほとんどありません。しかし昭和三十五年（一九六〇年）の春、水原弘の付人になった時、水原の住んでいたのが赤坂の「リキアパートメント」だったのです。当時の一番人気の歌手ですから、力道山としても住んでもらって不足はありません。巨大でモダンなタイル貼りのアパートは、日本では最初のプール付き集合住宅でした。これは力道山がアメリカで取得して来たセンスなのです。日本の大手不動産業者がどこも実現出来ない中で、力道山の卓抜な眼の付けどころと実行力の結実が、このアパートメントだったのです。今のマンションです。しかも超高級・豪華マンション。

毎朝力道山は、自分の夢の具現化たるリキアパートを、階下の入り口の門附近に立って見上げていました。次に建てたものは「リキマンション」と名付けました。

そそり立つリキアパートへ、私が「おやじ」を迎えに門内へ入ってゆく。

「お早うございます！」

「ああ！　お早う！」

「気持ちのいい朝ですね！」

「うん！　おい小僧！」

「はい！」

「お前、本当に良く働くなあ！」

「いやあ！」

こんな場面しかありません。

「小僧！」

「はい！」

「感心だから、お前はプール使っていいぞ！　わしが許可する！」

「ありがとうございます。休みの時、泳がしてもらいます！」

私はおやじを起こしに館内へ。力道山は箒を持って、仕事に入った。

私は水原に二年八カ月付いたから、それなりに見知って頂いたという訳です。


話を昭和二十五年（一九五〇年）に戻そう。古池社長の事務所だ。この時の話で力道山は日本人になろうと帰化の覚悟を固めたらしいと判ろう。

だが、力道山は、この後、古池親分に話したそうだ。

「関脇で勝ち越しても、わしは西の関脇ですからね。大関にはやっぱりさせたくないんでしょうかね」

「そんなことなかとでしょう！　もう少し気張らんしゃい！」

そう言って秋場所を迎える大阪の宿舎へ帰した直後、九月場所を前にして、力道山は自ら髷を切ってしまった。

玉の海親方が金を貸してくれなかったから嫌気が差した、と後年伝わる親方への借金請求問題は、後付けの話だ。

古池親分には、ある面、父に甘える如く慕っていたのだ。それは百田巳之吉に連れて来られてから、百田自身が古池親分の力を借りて、戦前からずっと面倒を見てもらっている実態から学んでいた力道山の人間解明力だった。

力道山は頭が良い。

相撲の世界では日本一になれないのなら、日本人になって天下を狙おうとしたのだ。

角界を飛び出しても、まだ目標が定まってはいなかった。

だが、この昭和二十五年（一九五〇年）は、祖国が二つに割れて戦争が起こった年なのだ。力道山の心も乱れて当然だ。プロレスをターゲットにするのは少し後だ。その出会いも又、運命の神の差配なのだ。


では、何故に力道山と古池さんが親しくなったのかを推察してみましょう。

そのポイントは力道山の出自にありました。

そもそも力道山を見出した人は、長崎県大村市で芸者置屋を経営していた百田巳之吉という人です。

私見ですが、この方も朝鮮からの帰化人だと思うのです。力道山の生地、朝鮮民主主義人民共和国の咸鏡南《ハムギョンナム》道《ド》などという処へ、いくら戦前とはいえ簡単に出掛けられはしませんでしょう。

そこで金信洛《キムシルラク》少年を見出すのです。朝鮮にある日本の相撲に似た「シルム」で強腕を見せつけていた少年だったのです。

朝鮮では、端午の節句や祝祭日には盛大な大会が催されていました。少年ながら優勝者には、とびぬけた賞品が与えられておりました。それだけに、村の名誉を懸けて死にものぐるいの戦いとなるのです。牛一頭の賞品を得れば、近隣の人々の胃袋を満たしてくれる大御馳走となる訳ですから。

これも私の想像ですが、大村在住の百田さんは、本当は親御さんの出身か親類が力道山と近間だったのだろうと思います。日本で充分な生活を成り立たせ、時々生まれ故郷へ行かれていたのではないでしょうか。それが力道山に人生を導く道を作っていったのだから、「人生は出会いだ！」の私の持論は、ここでも見出せます。

力道山は三人の子の末っ子です。一番上の兄が、相撲のような「シルム」の王者で、どこの大会でも荒らし回っていたようです。一寸、時代が変わっての「朝青龍」のモンゴルでの物語とそっくりですね。

さて、大村の百田さんは興行師もしていたのです。それで同じ大村出身の玉の海を贔屓にし、彼が引退し二所ノ関親方となるや、後援会の幹事も務めていたのです。

そう。ここが問題です。

興行師と、相撲部屋です。

玉の海時代に地元の理解者として心を許す仲を築いていた二人は、一人は二所ノ関部屋を率いる親方になり、一人は大村の有力者になっていました。百田さんは興行師だと言いましたね。

田岡一雄さんが若き日、二所ノ関部屋前で撮った写真も残っています。

これも私見ですが、百田さんは戦前から地元の組関係の人間だったのではないでしょうか。表向きの商売は置屋となっていますが、そうした業界の常で、実質的経営者であっても普段は女将が切りもりし、男は営業に関与してはおりません。そう見せるのが常道です。

ですから、興行師の顔を持っている「顔役」であったろうと推察します。

ついでに申しますと、この時代は各地各所にやくざの大物は、皆、それぞれ興行社の看板を持って堂々と名乗っていた時代です。

しかし九州なら九州で、興行を取り仕切る大物興行師がおりまして、中央と直結した連携をしておりました。そこに一声掛けずには興行を打てなかった事実があります。
はい、その大元締めが古池慶輔という男だったという訳です。

大同山と北朝鮮

さらに、ここで一つ、今回、私が気付いた情報を書いておこう。特筆すべきなのは、この大同山に関しては余りオープンにされていないことだ。

一応、大阪で旗揚げされた「東亜プロレス」の主力レスラーだと調べは付き、ボクシング出身だとか柔道六段だとか記事に書かれているが、後年の記録は無いに等しい。

「よく家には来ていたわ。奥さんが綺麗な方で、マユミさん。お嬢さんが可愛くて、コヨンヒと呼ばれていたの！」

これは古池慶子さんの言葉。力道山同様、何かと古池社長が面倒を見ていたのです。

力道山が相撲を辞めた時、大同山も抜けました。結婚していましたから、色々なことで食いつないでいたのでしょうね。昭和二十五年（一九五〇年）の夏からの大同山は消息不明です。

昭和三十年（一九五五年）に大阪で「東亜プロレス」を結成しました。「アジアプロレス」との対抗戦で敗れるなどして、団体は直ぐに消滅しています。当時は力道山が日の出の勢いでしたから、他団体は自然と消滅していきました。

　力道山がプロレスであっと驚かせたのは昭和二十九年（一九五四年）年です。東京・蔵前国技館からスタートした、シャープ兄弟との連戦でした。敗戦国民の劣等感が身の内を支配していた日本国民は、ＮＨＫと日本テレビの中継によって一七六センチの日本人が一九七センチのアメリカ人の大男を痛めつける姿を、その目でしかと見守りました。

　この当時、日本国内のテレビ受像機保有数は一万七千台でありました。昭和二十八年（一九五三年）からのテレビ放送開始ですから、仕方ないでしょう。

　ところが読売新聞社の主は、日本テレビがプロレス実況放送をする為に、先読みをしてみせました。自社の放映を観させる為に、街頭テレビを設置したのです。それで初めてテレビを観た人が多いのですよね。日本テレビは関東一円に二百二十台設置し、都内各所には三十カ所以上ありました。このテレビは二十一インチや二十七インチでしたが、放映時間の夜七時半には広場を埋め尽くす人々の波で溢れたのです。私も日比谷の映画帰りに観ていた一人ですから、忘れちゃいません。とにかく一千四百万人が観たのだそうです。全国的には電器屋さんの店頭サービス等で、五千台のテレビが活躍したのです。

　この時、テレビ一台は十五万円から三十万円近くしました。我が家の工場従業員の為に買ったものは、忘れもしない二十七万円でした。

　ちなみに内閣総理大臣の月給は十一万円、国会議員は七万八千円、銀行員大卒初任給は五千六百円の時代です。

力道山対シャープ兄弟で、テレビ販売数は一気に三十万台を突破するのです。これだけを考えても、力道山の果たした役割は偉大なものなのです。

一方、大同山は、プロレスで売れた力道山の後を追いかけてはみたものの、昭和三十一年（一九五六年）から記録上消えました。


私が力道山に関して、不思議に思っていたことが一点ありました。それは私の髪を手入れして四十年以上の宮尾光治さんがよく話題にする力道山のことでした。

「女房が佐渡島の出身だから、何十回も行ってるけど、いつも話に出るのが力道山でね。島でよく見かけて驚いたと言うんだ。度々だよ。何しに来てたのかな？」

調布駅前のヘアーサロン「ミヤビ」に二十日毎に席につくが、何回話を振られても答えが出なかった。それが古池慶子さんの話で、ふと私に気づきが起こった。

「ダイドウザンは、よく日本に帰って来ていましたよ」

そうして、力道山から寄付を受け、その金で、

「出来上がった船が、あの万景峰号《マンギョンボン》よ！」

その時、咄嗟に浮かんだのが、三十年も前の安倍晋太郎先生との会話です。

「先生、僕が北京空港に行くと、必ず日本のパチンコ屋の社長と出っくわすんですよ。聞

くと、北京経由で北朝鮮に入るという。国交が無いのに行けるんですね」

「ああ、凄いとこに気が付いたね！　実はね……」

先生が話して下さった話というのは、こうです。

脱税問題で一番酷かったのが、遊技場関係だったそうで、そこで政府はその真相を究明する為にプロジェクトを組んだのです。そして驚くべき発見をしたのでした。

ある日、突然人が来て、パチンコ屋さんの社長に言うのです。

「あなたの店は月にこれこれの売り上げがあるのですから、これこれの額を祖国の為に献金しなさい。どこそこに住む親類の皆さんの安全が保障されますよ！」

こう要求されるのです。それはかなり以前から続いていたのだと話してくれました。

「家族思いの強い民族ですからね。お金を持って運んでいたのですよ」

私も知り合いの社長に聞いてみた。

「だって、十年以上も務めている経理の人間が、『これだけ売り上げてるんだから、これだけ供出しなさい！』って言い出したんだ！　スパイだった訳さ。兄弟や親戚もたくさんいるからなぁ」

その脱税対策に、プリペイド・カードが出来上がったという。この話を思い出して、納得がいきました。

大同山は昭和三十二年（一九五七年）には故国に妻子を連れて戻ったのでしょう。

その北朝鮮では、力道山の人気は大したものだったのでしょう。政権が注目しない筈がありません。

「君は、あの力道山と格闘技をしていたのか！　よーし、君は武闘学校で働きなさい！」

そう命じたのは、将軍様・金日成《キムイルソン》でした。

やがて、息子の金正日《キムジョンイル》が父親の為に「喜び組」を創設します。

そこに入って来たのが、コヨンヒでした。大同山の娘さんです。母親の美形を受け継いでいた上に、日本の素養を身に付けていたセンスの良さに、金正日は参ったのです。男の子をもうけていた妻子を遠ざけ、コヨンヒと暮らしました。最初の妻の子が、正男さんです。そして金正日に許されぬまま、コヨンヒとの間に二男一女をもうけます。その内の一人の子が、現在の最高指導者・金正恩《キムジョンウン》なのです。

大同山は金日成の創設した体育協会の副会長となり柔道の普及に努めたと、正式に判っています。いずれにしても、身分が保障された人生を送ったのだろうと思われます。

「力道山に協力してもらいに来たのです」

そう大同山が語っていたということを父から聞いたと、古池慶子さん。

日本まで集金を促しに来た大同山は、身分のある人間になっていたのでしょう。力道山が佐渡島へ度々行っていたのは、こっそり上陸してくる潜水艦の集金人に金を運んでいたのかなと、ミステリアスに考えてしまう私です。

「長い間、信じられない金額が、人質にされている家族や親類縁者を安全にする為、運ばれていたんですよ！」

安倍晋太郎先生の言葉が、一つの輪になって理解出来ました。祖国の為に人知れず力道山も心血を注いで努力していたのだと、判った気がしました。

力道山のどこが凄いか、もう少し書いておきましょう。

力道山の頭の良さ

力道山は昭和三十八年（一九六三年）、三十九歳で没しました。

皆さんよく承知している如く、酒の上の間違いから命を落としています。この、酒という力を借りなければ勇気を出すことが出来ない人間は世の中にはたくさんおります。ですが、「あの力道山だって、その一人だ！」と言う気に私はなれません。

と言うのは、力道山という人間は、特別に優れた能力を持っていたと思えるのです。生き抜いていく力です。生きて行く為の方向がどちらかを察知する力が、根本的に備わっていたのです。

考えてみて下さい。十五歳で見知らぬ国に来て、日本語を習い、相撲一筋に必死にやって生きて来た、少年から青年の力道山の生き様を。何もかもが夢中の一言です。

こんな時、力道山を愛でてくれたのが、新田新作です。

表の顔は新田建設や明治座の社長ですが、東京・人形町周辺を縄張りにする生井一家の歴とした人間です。この頃、生井一家の親分は鈴木栄太郎という方で、人形町だけでなくその筋に名の通った大親分でした。その跡目を取るのは新田新作だということは、周知の事実でした。生井一家は関東国粋会でも有力組織で、鈴木親分は副幹事長の要職にありました。

新田さんも才能の豊かな人で、特に力道山には経済界での生き方のお手本になった人のような気がします。ある時期から力道山を物心両面で支えたのは、この方でした。しかし、力道山が本当に甘えたのは、古池親分だった筈です。

新田さんがＧＨＱとの特別な縁故から、終戦直後の物資不足の中で、鉄材などを優先的に入手出来、それで焼け壊れていた国技館を修復して大相撲を復活させました。

米軍の施設を専一に事業していたことから、こんな道が生まれるのでした。

それを力道山は逐一見ていて、その術を黙って学んだに違いありません。必死で英語を学び会話の習得を日夜心掛けていました。この辺が力道山の只者ではない処です。

成功の糧がどこにあるのかを見て取る力は、本当に凄かったのです。先取の眼力があって、人の素晴らしさを自分に取り入れて、ああしよう、こうしようと考える志向性に富んでいる人でした。

こんな相撲取りなんて、余りおりません。中学を出て相撲界に入った子供が、懸命に強くなろうとする中で、周囲の後援者の生き方から、「自分もああなろう！」などと思う者はおりませんよ。少し落ち着いてくると、「ごっつあん！」の世界に身を委ねて、唯々《いい》諾々《だくだく》と流れに泳いでゆくのが普通です。

ですから、限りある現役を終えると、協会に残れる力士は少しです。親方株にも限りがあるからです。従って引退後は、「ちゃんこ料理屋」や「焼肉屋」等を開くのをよしとしています。

力道山は違いました。

そうした生き方に流されて行く人なら、髷なぞ切りません。

「朝鮮出身だから大関になれないのなら、横綱にだってさせてもらえない。なら、他の道で日本の成功者になってみせるぞ！」

固く心に決められる男が力道山でした。

昭和二十五年（一九五〇年）夏、九月場所前に、今後も日本の中で本当に心の内を言えるのは古池親分だと確信したのです。

心は早まりました。朝鮮戦争が六月二十五日に始まっていました。この時、力道山は、大同山に「自分は日本に帰化する！」と宣言しました。古池さんに日本籍取得の相談をしたのが本当のところでしょう。

そこで古池さんは「部落解放の父」松本治一郎氏に相談したのです（写真6）。

松本氏からは、

「大野伴睦さんに知恵をお借りしましょう」

となったのです。

松本治一郎がGHQから公職追放を受けて、浪人生活を余儀なくされていた時を支えたのは、他ならぬ古池慶輔でありました。

松本治一郎は、昭和二十三年（一九四八年）一月に吉田茂によって参議院副議長の席を奪われます。吉田茂はGHQの民政局長に働きかけ、松本が翼賛団体の理事だったとの理由で公職追放にしたのです。濡れ衣です。昭和二十六年（一九五一年）の一般追放解除まで、冷や飯を食わされるのですが、この間を物心両面で支えたのが古池ラインでした。

ついでに書けば、大山倍達も力道山と同国人でした。この人から空手のあれこれを伝授され、力道山のあのチョップスタイルが生まれたのです。

古池さんのところに大山倍達を連れて来たのは、力道山です（写真7）。

「親分！　大山名人です。日本一の、いや、世界一のカラテ家です。有名な名人です！」

こんな時の力道山の「持って行き方」は、独特の上手さだった。力道流という程の巧みさで相手の心をくすぐるのだ。

(6)昭和24年、「部落解放の父」松本治一郎(右3人目)を囲んで。左から古池慶輔、吉次鹿蔵(福岡証券界の顔)、女性と松本を挟んで榎本重彦(日米コカ・コーラ)、比佐友香(KBC九州朝日放送)。

「大山さん！　話した通り、日本広しと言えど古池親分は、日本三大親分の一人なんだ」

古池さんが首を傾げるのを承知していたように、力道山は腹の底から絞り出すような声で言い放つ。

「ワシにとっての恩人の中の恩人さ！　東京の永田さん！　神戸の田岡の親分！　そして博多の古池社長！　これが大恩人の三大親分だ！」

古池という人も力道山的な人で、目先が利く利発者だったし、行動力も敏だった。こうと思ったらもう動いていた。力道山の失敗の多さは思慮の浅さが原因だったが、古池自身の失敗もそこにあった。そんな似た者同士の可愛さが心の底に根を張っていて、次にくるのは頼み事だなと読んだ。

読んだ通りの言葉を力道山は言った。

「親分！　この人をワシみたいに帰化させてやって下さいませ

(7)極真空手の創始者・大山倍達。

んか！」

　力道山がアメリカへ日本の国籍で、日本人として渡りたいと頼んできたのは、昭和二十五年（一九五〇年）に相撲を廃業して、新田建設に勤めていたその年の暮れだった。

「まだ誰にも言ってませんが、日本の中ではこのままだと忘れられてしまうだけです。アメリカへ一度行って色々見て来ようと思うんです」

　古池は呆れて見つめた。アメリカなんて行ったことがなかったし、周りでも居なかった。何しろ東京へ行って来たというだけで、話を聞きに来る人間が絶えなかった。

　そんな時代に、言っちゃ悪いが相撲取り上がりが、アメリカへ将来を見据えに行きたいと言う。古池の胸にある種の敬意が湧いてきたのは、この時だった。

「こいつは、何か大きなことをする奴かもしれない！」

　心の中で泡立つくらい青春の血が騒ぎ出していた。俺にもう少し若さがあれば絶対に一緒に行くだろう、そう思えると、もう血沸き肉踊っていた。

「行け行け！　行って来い！」

　金庫の中の、ありったけの金を事務所の机の上に広げた。

　丁度、映画館の前で南京豆の袋入りを売っていた妻のマサヨが戻って来ていて、卓上の札の山を見て目を剝いた。自分の前掛けのポケットに売り上げが入っていた。一袋十円の袋の完売で今得てきた金と、夫の積み上げた金との差に息を呑んだのだ。

「力《りき》！　みんな持って行け！」

マサヨの息が止まった。

力道山が固まった。

五千円札も一万円札もない時代です。百円札と五十円と十円の札は、それぞれ定まった額で紙こよりで束ねられていましたが、それこそ山のようになっておりました。

「そうね。百万円ほどありましたよ」

母からそう聞いたと、娘さんは私に語ってくれました。ところが、この辺が力道山の人を外さない凄いところなんです。

「親分！　ワシ、金をもらいに来たんじゃないんです。頼みに来たんです！」

古池夫妻が同時に力道山を見た。

ゆっくりと力道山は言った。

「親分から松本の大将に頼んで、ワシを帰化させてもらえませんか！　ワシ、日本人としてアメリカに行きたい！」

「うーん！」

「……！」

二人が同時に唸った。

唸った思いは二つだ。一つは金に目もくれない力道山の真心に。一つは日本人として渡りたいという心に。

敵国日本の人間としてアメリカに行くのは、どう考えても不利となる条件だろうに、日本人になってアメリカへ行くと言う。しかし考えてみれば、北朝鮮人ではアメリカ行きは夢の又夢だった。

その日のうちに、古池は松本治一郎の家へ飛んだ。ここは政治の力が必要だったからだ。

古池さんは百万円の山に目もくれなかった力道山に、骨の髄まで惚れていた。何より嬉しかったのは妻の所作だった。古池が山積みの金を大きなボストンバッグに詰め出した時、驚いたことに妻のマサヨが同じように手助けし、最後に自分の売り上げをそっと納めたのだった。

古池夫妻は、日本中で一番の力道山思いになったのだ。

その金を力道山は小出しに、実に上手に使った。

その後運命の時がくる。

プロレスラーへの道

年は昭和二十六年（一九五一年）になり、九月のある日のこと。

軍属のボルネギーが、力道山の一番の遊び相手だった。この日も、新橋のナイトクラブ「銀馬車」で遊んでいた。

力道山の欠点は、たった一つ。酒には強いというのに、我慢に弱くなるという点。忍耐の箍《たが》が外れてしまう。喧嘩っ早くなってしまうのだ。

この夜、それが起きた。二階で飲んでいた力道山達が下りて来た時、ドンと突き当たった男が居た。

「ジャップ！」

力道山は新田建設の資材部長としての短いキャンプ回りのうちに、少々の英語を覚えていた。相手の発した一言が罵りだというぐらい理解出来た。

「手前ぇだってジャップじゃねぇか！」

ドン!!と突いた。力道山の突きは大相撲で伸し上がった武器だった。これ一発で普通の人は吹っ飛ぶ。でも、この男は違った。

「おっ！」

と言って少し踏鞴《たたら》を踏んで目を剝いた。

「お主、強いな！」

「えっ？」

一メートルの間合いで対峙した二人の近間から、ボルネギーが英語で話しかけていた。

「そうか！　スモウレスラーか！」

　相手の席に誘われ、合流して驚いた。屈強な男ばかりが六人も居たのだった。力道山の肩を突いたその男は、正真正銘のプロレスラーだった。

　名をハロルド坂田と言った。

　後で色々知って力道山は驚いた。この男は重量挙げのオリンピック・メダリストにもなっていた。日本へは、在日米軍やその家族の慰問のプロレス興行で来ていた。後に力道山にプロレスを教える先生となる元世界王者ボビー・ブランズや、元プロボクシング世界へビー級チャンピオンで前人未到の二十五回防衛記録保持者のジョー・ルイスも一緒に来ていたのだ。当時、少年の私なんかでも「褐色の爆撃機」と言われたこの人の名も顔も知っていたくらい有名だった。

　力道山が運命の人なのは、こうした出会いによってプロレスの世界に引き寄せられていったことだ。そして力道山が凄いのは、その天運を自ら摑んでいったことなのだ。

　翌日直ぐに練習場所に出掛けて見学し、あまつさえ、「お前もどうだ？　カムオン！」の声にリングに上がってみた。三分で音を上げて、悟る。

「こりゃ練習しないと駄目だ！　でも、練習さえしたら負けないぞ！」

　そう得心がいったのだ。そしてその時、力道山は心に誓ったのだ。

「チャンピオンになってやる！」

この辺が桁違いに凄い！　アメリカのフリーメーソン系慈善団体「シュライン」の提供していたトレーニング場へせっせと通ってプロレスを教えられ、その時のメンバーが催した試合を見学させられて、あまつさえ十二日間の練習なのに試合に出てしまったのだ。ボビー・ブランズの温情による引き分けの十分間の戦いだった。

「これを日本でワシが興行してやるぞ！」

同時に思った。

「面白くなくちゃプロレスじゃない！」

この時、力道山ははっきり意を決した筈です。

アメリカと力道山

「親分！　ワシ、プロレスラーになります！」

昭和二十六年（一九五一年）の九月の末から、その年の末までに、その決意は火と燃えて固まり、年の瀬に博多に夜汽車でやって来た力道山は、いの一番に古池慶輔に告げました。

この辺が力道山の可愛さでした。

古池社長の案配で、松本治一郎のバックアップもあり、大野伴睦の一言で短兵急に、力道山は「金信洛《キムシンラク》」から「百田《ももた》光浩《みつひろ》」と為って、百田巳之吉の長男としての存在に変わった。

古池慶輔は大野伴睦の力を借りて、力道山の日本国籍取得を為しとげた。それが昭和二十五年（一九五〇年）だとは、誰もはっきり示していない。これこそは力道山の力道山たる所以だと私は断定している。

つまり、相撲をやめようとは突発的に思ったのではないのだ。深く入り込めば入り込むほどに、鮮明になってくるのが出自なのであった。

「お前なんか！　朝鮮人だろ！」

「相撲の社会で、出世出来るかよ！」

そうした怨嗟の声を嫌という程浴びせられ、昭和二十四年（一九四九年）には、古池社長にも強く胸の内を吐露していたのだ。日本国籍取得については、かなり前から懇願しているのだ。力道山を語る時、今迄本などに一度として名前の上がったことの無い古池慶輔という人の力が、実は絶大だったというのが本当のところなのです。

「余り自慢したらいけんとよ！　知らんぷりしておけ！」

古池さんは力道山に釘を刺し、自らも日本国籍取得の件を生涯封印した。

空海の最晩年の言葉に、

「人の短を言うなかれ　己の長を説くなかれ」

というのがあります。

松本治一郎、大野伴睦両先生が、力道山の帰化に関与していた等と自慢していたなんてことは、一寸もありません。

まして古池さんが力道山の心を許した、たった一人の恩人だと知っている人は少なかったのです。

古池さんが世を去って後、物語となって知れ渡った人々に、新田新作、永田貞雄、田岡一雄の諸氏がおります。力道山の活躍した時代、この昭和の終戦直後から三十年代は、裏社会と表社会がもちつもたれつで支えあって進行しておりました。

卑劣で汚い生き様で生きる者は、表にも裏にもたくさんおりました。

でも、私はこの時代の少しの間を力道山にも古池さんにも接して、近間で見聞きして生きて参りました。

田岡の親分にしても、私の出世作『吹けば飛ぶよな男だが』（松竹映画　昭和四十三年山田洋次監督）の神戸撮影時には山田監督や関係者共々、入院中の親分に面会し、その後の撮影現場の進行に御協力を得ました。それは息子さんの満氏の協力のお蔭でした。はい、私のことなどどうでもよろしい！

力道山が全国で興行が出来たのは、周知の如く日本一の興行師、永田貞雄という人が居たからです。永田貞雄社長が日本一の興行師として人生を八十九歳迄全う出来たのは、田岡一雄という人が背景に居たからです。田岡一雄という人が日本一の親分になれた百分の一程は、永田貞雄さんが興行という生業を教えて、美空ひばり等の巡業を組み立てさせた側面がありました。そうした経験の上で力道山への肩入れが生まれました。

力道山は、自分の出自を隠しておきたかった。今では誰でも知っていることですが、当時は彼が朝鮮人だなんて知らないのが普通でした。

ですから古池社長や日本籍取得の段取りに奔走してくれた人々は、そっと秘匿してくれていたのです。

力道山は、そうした人柄の古池慶輔を父と決めて、何でも頼っていたのが真実です。

「親分！　今、沖縄だけど、好きな時計があるんです！　金、貸して下さい！」

国際電話で言って来たと言う。

「幾らだ？」

「二千万円！」

「……！」

今の時代の話ではない。沖縄が返還される前の話だ。その頃はフリー・ポートで、那覇の国際通りは、おおかたが時計屋さんでした。絶対に日本国内では買えない時計が買えました。それも驚く程安くです。

でも、当時、二千万円の時計など皆無だったと思います。ベゼルにダイヤがはめ込まれた時計など、まだ一般人が買う筈もなく、置いてなどありません。そうした品は恐らくパリやローマやジュネーブでは、王侯貴族の注文で作られていた時代です。少し後、実際に私が見聞して驚く時計は、それでも数百万円でしたから。二千万円なんて……ねぇ。

これは驚いたことに、沖縄に支社を出していた古池社長がドルで用立ててやっています。

「（そのお金は）返って来たの？」

と私が問うたそのままを、娘は母に聞いたそうです。

「いいえ！　パパの道楽ね！」

そう笑っていたそうです。古池慶輔の凄さです。

これは私の推理です。

力道山はアメリカで独りプロレスの修行をしていました。ハワイへ渡り、沖識名《おきしきな》の下で猛特訓を始めたのは昭和二十七年（一九五二年）です。この時も、博多にやって来た力道山に、驚く程の大金を古池さんは手渡したと、先ほど書きましたね。

そして夫妻の見込んだ通り、力道山は立派に修行をしてみせました。彼は尋常ではない先見の目を持っていたのです。古池親分から頂いた金を使って、プロレスの興行権としてのプロモーター許可証を取得したといいます。

さて、シャープ兄弟にしても、ジェス・オルテガにしても、ボボ・ブラジルにしても、ルー・テーズにしても、ファイトマネーは敗戦国日本の金など欲しくありません。全てがドル払いでした。

一ドルは三百六十円の時代です。

銀行から円で自由には買えもしない時代です。そこで闇ドルが横行し、一ドルを手に入れるのには四百円を必要としました。

基地周辺には兵隊から入手したドルが集まります。これをまとめる闇ドル屋が存在しました。興行を始めた力道山は、自分で集めたレスラー達には闇ドル屋から集めた金でやりとりしていましたが、永田社長や田岡さんから頼まれて沖縄へのプロレス進出を決意した時、力道山は考え及んだのでした。

「沖縄ならドルで払ってもらおう！」

そうやって決定的に血路を開いてしまう力道山の叡智は恐るべきものでした。

全ての外国人レスラーのギャラは沖縄で支払うことにすると宣言するのです。

その不足分かもしれませんね、二千万円の時計というのは。でも実際、高価な時計を買いもしました。

私は田岡親分が小林旭さんと高倉健さんとの食事の場をつくった時のことを思い出し、この件に気付きました。

「小林さん、いい時計ですね！」

と健さんが旭さんに言った。

それを見ていた田岡さんが
「旭、健ちゃんにその時計やりなさい！」

「はい！」

と素直に言った小林さんの腕から、時計が健さんの手に渡った。

「とんでもない！」

と押し返す健さんに
「健ちゃん！　もらっときなさい！」

そう言った親分は、自分のしていた時計を外して、

「旭、これしたらええ！」

と、あげたという。

私は、旭さんに渡った三代目親分がしていた高価な時計は、きっと力道山が沖縄で手に入れて贈った物なのだろうと想像しました。

とにもかくにも、この人達の縁の糸は、強く丈夫に、それぞれ何重にもなって結ばれていることに気付きました。

プロレスが軌道に乗るまで

力道山がシャープ兄弟を連れて来たのは、昭和二十九年（一九五四年）の二月です。この時の衝撃的な戦いは、日本人の敗戦によるいじけた魂を元気にさせたと、今でも思います。私は人生の中での最大のエンターテインメントは、力道山対シャープ兄弟のプロレスだと思っています。力道山は興行を理解していたのですよ。

そう。エンターテインメントです。娯楽です。

力道山は素晴らしい天才的な運動型のエンターテイナーでありました。演者です。同時に、実に優れた企画者であり、製作者であり、演出家でありました。

そうでなくて、プロレスなど日本に存在していない時期の興行に、アメリカを代表する人気のシャープ兄弟が日本になんぞ来るものですか！　ボビー・ブランズという元世界チャンピオンのレスラーの信用だけで、見ず知らずの敵国だった日本に、

「うん！　リキ、行くよ！」

そう答えられましょうか。

力道山が修行から帰った年の十月、二度目のアメリカ行きを前に、永田貞雄が政財界から集めて持たせた百万円の金だけでは、彼等を動かせなかったろうと思います。

昭和33年、スカイ・ハイ・リーとドン・レオ・ジョナサンに挟まれている古池夫妻。

昭和34年6月5日、第1回ワールド大リーグ戦。「メキシコの狂える巨象」ジェス・オルテガ（左端）など。

昭和36年、第3回ワールド大リーグ戦。カール・ゴッチ（当時はカール・クラウザー）の珍しい食事風景。右側はビル・ミラー。

昭和37年3月28日、第4回ワールド大リーグ戦。「吸血鬼」フレッド・ブラッシー。

昭和38年、第5回ワールド大リーグ戦。「人間空母」ヘイスタック・カルホーン、グレート東郷。

昭和39年、力道山亡き後の第6回ワールド・リーグ戦。ジン・キニスキー、チーフ・ホワイト・ウルフ、ザ・マミー、カリプス・ハリケーン、ブル・カリーほか。永田貞雄も同行した。

ここは古池慶輔が裏で支えていたというのが真実です。

「リキ！　半端な奴なんか連れて来るんじゃないぞ！　みんなの目をでんぐり返してやらんとね！」

持たした大金を、上手に使えるのが力道山でした。人間の機微に触れて生きて来た力道山の学習能力の高さです。英会話も優秀でした。

「シャープさん！　これは、気持ちとしての私からの贈り物です！」

桁外れの挨拶料に、マイクとベンは目を剝いた筈です。

「ギャラは、今迄で一番多いヤツより多く出しますよ！」

そう胸を張った筈です。


昭和二十九年（一九五四年）二月十七日、午後三時過ぎ、パン・アメリカン機からシャープ兄弟は降り立った。

後援の毎日新聞の報道も、一般大衆の理解を得るには至らなかった。これは永田貞雄を困らせた。

興行は巡業だ。地方の興行師は、プロレスのことなどとんと判っていないから、一応は永田〜田岡〜古池ラインを大活躍させて組み立てはしたが、実際の興行は惨憺たるものだったのが、昭和二十九年（一九五四年）のプロレスの実態だ。

私達は、あの力道山・木村政彦組対シャープ兄弟の戦いを記憶しているが、これこそが、実にまやかしと言うものだ。あれだけで、プロレスがメジャーになどなってはいない。

第一、テレビなど全国に三万台ほどしかなかったのですよ。プロレスの魅力など、知らない者に感じようも無かった訳です。ですから興行は客が入らず、困ったのが本当のところです。

「父も大分損をしたようよ！」

娘の慶子さんの述懐です。

自分の劇場に出演させての興行ではありません。福岡スポーツセンターを借りての大興行ですから、損害の額が違います。

「客が入っていないようだが大丈夫か？」

シャープ兄弟も興行で生きていますから、敏感です。

「心配ない心配ない！　今回は我慢して！　私は二年でプロレスブームを起こしてみせる！」

力道山は、シャープ兄弟と約束した契約の金より多い額を払ってみせた。古池と永田の二人の社長が力道山の力説に折れて、苦笑しながら捻出した金だった。

二人が力道山に味方するのは、こうして得た金を、隠し事なく約束通りファイト・マネーとして支払う姿を見ているからだ。

一寸の金だって私《わたくし》しない。だから外国人レスラーにも好かれた。

昭和二十九年（一九五四年）のプロレス興行は、みんなに損をさせた。これが真実なのです。だが、二年の月日は力道山の予言通り、日本にプロレスブームを引き起こしたのです。

さあ、この写真を見て欲しい。力道山の良き相棒だった遠藤幸吉《こうきち》は、実にプロレスラーらしく鍛えられた、素晴らしい肉体のナンバーワンだと私は思っています。力道山の引き立て役として、損な役割にさせられていましたが、立派に負け役を受け持っておりました。私は遠藤幸吉が一番格好良いと思っていました（写真8）。

さて、この昭和三十一年（一九五六年）の写真の左端には、煙草を片手に写っておられる方がいます。この本の主役の一人、当時既に日本一の興行師だった永田貞雄その人です。

「古池さん、あの時はすまなかったね！」

一万二千人の観客の多くがタダでばらまいた入場券の客でした。古池が福岡分をかぶっていました。

「ははははは！　何を仰る！」

永田貞雄は、「日本プロレス協会」を力道山の為に設立した立て役者だった。この人のラインが力道山に及ばなかったら、また変わった歴史に為っていたかもしれません。

永田の人脈は、古池慶輔と田岡一雄を軸として、これを裏に仕舞っていて、表は、林弘高（東京吉本社長）、今里広記（日本精工社長）、松尾國三（日本ドリーム観光社長）、矢野範二（弁護

(8)昭和31年、遠藤幸吉と共に写っている永田貞雄。ここからのプロレス興行は福をもたらした。

士）、新田新作（明治座社長）、九州山、東富士（横綱）、千代の富士（横綱）、萩原祥宏（右翼）、関山義人（右翼、明治大学理事長）と、硬軟多士済済だった。

これに裏のバックボーンの両雄が、田岡一雄と古池慶輔なのだ。西方面の興行をテリトリーにする永田には、田岡の持つ顔と実力と、加えて人徳は強い味方だった。

そして永田と田岡に欠けていたものは、九州一円の土着の気質に依る理解力と友好関係だった。そして政治力だった。そのどちらも有していたのが古池だった。九州博多の興行の鎮台府たる古池慶輔は、その信用と信頼を一身に集めている稀有な大人物だった。

この三人が力道山の裏に張り付いて、尻を押していたのだ。

私が特筆したいのは、この時代のバックボーンたる人間は、口を出す分、金も出したのだ。損得など少しも考えずに、自分で、

「よーし！　任せとけ！」

と口に出したら、惜し気なく金を出した。それを良しとして悔やまない者だけが、「ハレ」の世界の守護者だったのだ。古池、永田、田岡の三人は、それが出来た人でした。

この三人の力道山への支援は言語を絶する。表向きには永田が政財界に呼び掛けて、「力道山再起の渡米」の為の資金を集めたが、稟議書に判を押させるような応援では、形だけの応援だったとしか思えない。

ここで力道山が古池社長に懇願した場面を振り返ります。

「古池親分！　頼みます。力道、一生のお願いです！」

改めて断っておくが、古池さんはやくざ者ではありません。立派な十三もの劇場経営者です。しかし、その侠気は九州中のやくざからも称えられていて、やくざの親分からでさえ、「古池の親分！」と呼ばれておりました。力道山は親分と社長を上手に使い分けて呼んでいたと、申し上げましたよね。

「親分！　アメリカへやらして下さい！　きっとひとかどのプロレスラーになって戻ってきます。親分！　私《わし》は日本で一人のプロモーターになって、私を通さなければ外人は日本で試合が出来ないようにしてみせます！」

古池の頭にプロレスが理解されるのは、もう少し後だった。

とにもかくにも、力道山に百万円の金を持たせたのだ。百万円ですぞ！

昭和二十七年（一九五二年）の正月明けぬ時だった。二月に力道山はハワイへと向かった。

〽ああ　憧れの　ハワイ航路
夢の又夢のハワイへは、作詞の石本美由起すら未経験だったという。

そこへ旅立ち、沖識名とボビー・ブランズにプロレスの何たるかを叩き込まれ、同時にプロレス界の仕組みを教えてもらったのだ。

そしてアメリカ本土を転戦し、一年一カ月ぶりに帰国した。

昭和二十八年（一九五三年）三月六日、力道山が帰国した時、永田貞雄は九州に菊池章子を巡業させていました。

そして、それを知るや力道山は夜行列車で飛んで来て博多で落ち合いました。永田が待っていた古池の処です。ここで「日本プロレス協会」設立の実行案が組み立てられました。

「社長！　やはり実弾がものを言いました。お二人から頂いた金で、私はアメリカで男になれました。ハワイでも、アメリカ本土でも、有力なプロモーターから〝日本のプロモーターとして認定する〟と約束されて帰って来ました」

力道山が偉いのは、

「日本の興行は永田社長にお願いします！」

と、筋を見透かしているところだ。

そうして協会は設立され、力道山は十月にアメリカへとって返すのでした。

「マイクさん！　日本に〝日本プロレス協会〟を発足させて来ましたよ！　ぜひいらして下さいませんか！　米軍兵士や家族の皆さんを喜ばしてやって下さいよ！」

シャープ兄弟の泣きどころを押さえていた。これが出来る凄さ！

勿論、古池も永田も出来るだけの金銭を持たせていた。今度の主眼はシャープ兄弟だった。全米一の人気のタッグ選手権者なのだ。見ず知らずの日本になぞ行く気にはなるまいと、誰でもが思う。

「日本は落ち込んでいます。マッカーサー元帥よりもシャープ兄弟のほうが日本国民を救えます！　助けてやって下さい！」

これは効いた。力道山の願いが叶った！

昭和二十九年（一九五四年）二月、シャープ兄弟がやって来た。力道山の為に永田が仕組んだシャープ兄弟の歓迎ぶりは、羽田空港から用意されていた。「荷物」を悦ばす術に長けた、永田貞雄ならではの手段だった。多勢の出迎え人が準備されていたから、

「俺達のこと、日本人は知ってるんだ！」

と、兄弟は驚いたのだ。そこへ、力道山はピシャリと言った。

「私より大きく強いジャイアントのあなたが、私の空手チョップでオーバーに痛がってくれたなら、日本人は大喜びするでしょう！　喜ばせてくれた分、金を払いましょう！」

シャープ兄弟は試合の筋を心得ていた。力道山は日本人を喜ばせた。本当に喜ばせたのはシャープ兄弟だったのだ！　彼等もまた人の喜ぶ筋を心得ていたから。

シャープ兄弟を喜ばせ、国民を喜ばせたのは力道山だったが、喜べなかったのは、この時の興行主だった。でも、みんなガマンしたのです。まだプロレスは未知だったのだ。

その二年後、シャープ兄弟は、力道山に口説かれて再びやって来た。

昭和三十一年（一九五六年）、力道山のシナリオ通り、シャープ兄弟は演じた。筋書き通

りに、力道山と遠藤幸吉が世界タッグ・チャンピオンに輝いたのだ。そして、次の次で負けて、結局シャープ兄弟は来た時と同じ、チャンピオンのまま帰国して行った。

この年は、日本中の人々を熱い血で沸き立たせた。なんとテレビの販売数は翌年百万台を突破するのです。会場も満員続きで、興行主は「損して得取って」余りありでした！

大野伴睦と力道山を繋いだもの

総理官邸における写真を見てみよう。たった一枚の写真でも、調べれば調べるほど、戦後の知られざる事実が浮かび上がってくる（写真9）。

この時代でも現在でも、総理官邸へはそう簡単には入ることが出来ない。近年も私は何回か出入りしておりますが、事前に受け入れ側の許可が要ります。私の車が門前で止まり、車体のナンバーと私自身を確認するや否や、警備の方々の連係は見事で、ゲートはさっと通され、駐車場への案内もてきぱきと気持ちがいい程です。

古池さんは、大野先生の許可で入館しているのが判ろうというもの。

大野伴睦先生は昭和三十二年（一九五七年）に自由民主党の副総裁に就いています。その頃には大野先生と古池さんとの交流は、とっくに出来上がっておりました。この写真は大野先生の眉毛の白さから、恐らく昭和三十六年（一九六一年）、池田内閣での副総裁時代だ

(9)自民党副総裁の大野伴睦と総理官邸にて。

と思います。

昭和三十九年（一九六四年）五月に先生は七十三歳にて逝去するのですが、この写真の時、大野伴睦翁は七十一歳、古池慶輔は五十三歳です。

「伴睦殺すにゃ刃物はいらぬ。大義大義と言えば良い」とまで揶揄された伴睦という政治家は、自ら「政治は義理と人情だ！」と公言して憚らぬ人でした。

昭和の時代の保守政治家には、本流としての官僚からの政治家と、「党人派」と言われる人々のうるさ型の政治家が存在していましたが、私なんかは、「党人派」の政治家が好きでした。

しかし各省庁を背景に持つ官僚派は強く、日本を牛耳っていました。官僚上がりの政治家は、吉田茂〜池田勇人〜佐藤栄作と続きます。例えば吉田茂が総理大臣に為っても、政治の裏が判っていません。表社会で育った官僚だからです。

この時、「党人派」と言われた大野伴睦側には、鳩山一郎、三木武吉《ぶきち》、石井光次郎、松村謙三、河野一郎、川島正次郎など多士済済でした。大野伴睦さん等が側近として仕えつつ支える役目を経験することで、脇役自らが各省庁の中に人脈を一歩一歩作り上げ、顔が利く存在に為って行く訳です。

伴睦さんは明治大学出身ですから、私なんかも遠見ながら、後輩として応援している気持ちが強かったのです。

伴睦さんは岐阜の政治家ですが、何故福岡の古池さんと親交が深かったのですかね。
これも細々とした深い関係があるのですよ。

政治家として叩き上げの中で修羅場を潜って来た大野伴睦は、松本治一郎を良く理解していました。そして、その背後に居る、虐げられて来た多くの人を深く知っていたのです。古池慶輔という人の出自で興味深いのは、「部落解放の父」松本治一郎先生との関係です。松本先生の母方の本家が古池家に為っているという近しい親戚として、古池慶輔は松本治一郎を助けたり助けられたりしていたのです。

水平社運動の推進者として、「部落解放同盟」を率いて来た先生は、文字通り差別の無い社会を創る為に、創成期から指導者として生きた人です。「古池の後ろ盾は松本治一郎ぞ！」なのでした。

つい最近、私は「部落解放同盟」の組坂《くみさか》繁之委員長と御一緒に、人権問題で講演したのですが、この時面白い話をお聞きしました。

「松本先生は〝五禁〟を身に与えて厳しく強く、己を律して生きたのです」
「ゴキンとは何ですか？」

私が問うと、こんな答えが返ってきました。
一、酒。二、博打。三、煙草。四、ネクタイ。五、妻。

酒を飲まない、博打は打たない、煙草は吸わない、ネクタイはしない、妻は持たない。以上がお聞きした話です。

明治二十年（一八八七年）に生まれ、昭和四十一年（一九六六年）に七十九歳で没する迄、この通りに生きられました。

「解放運動の激しい生活の中で、妻を持っては厳しい環境に身を投じられないと感じ、生涯、独身を貫きました」

そう教えてくれたのは組坂委員長の一代前の委員長、上杉佐一郎先生でした。

上杉先生は私の父が、若き日松本治一郎先生に傾倒し、その指示を受け、

「恵まれない子等に勉学を教えに行け！」

それに従って北海道に渡り、歌志内《うたしない》の炭鉱就労者の子供達に勉強を教える役目を担ったと聞かしてくれました。

その時同道し、共に自分の故郷で子供の教育に勤しんだのが、後の大俳優・佐分利信《さぶりしん》さんでした。彼は歌志内の炭鉱夫のセガレだったのです。

本当に人生とは、不可思議な糸の繋がりに連なっているものなのですね。たった一枚の写真から、次々と人間関係の見えない部分が解き明かされていき、私自身が驚いているのです。

今、私は大野伴睦と古池さんの写真を解明しようとしているのです。

私自身は、大野先生との親交はありません。なので無関係のように思っていたのですが、とんでもありません。ちゃんと、摩訶不思議な縁がございました。

古池さんのお嬢さんの慶子さんが、東宝映画のニューフェイスだったとは先に記しましたね。その父上の古池社長には、私が水原弘の付人時代に、「博多日劇」に付いて行ってお目に掛かっています。まさか今、この方のことを書いている等とは、人生判らないものですねぇ。

大野先生とて同じです。私に直接の因果はないのです。ところが先生はその器量と眼力で、在野の人間に優れた人材を発見するや、手も口も出して手元に引き寄せて、自分の秘書として修行させ、代議士として世に送り出しているのです。

それが石原慎太郎代議士達と結成した自民党内の「青嵐会《せいらんかい》」のリーダー、中川一郎でした。

「なべ君、しばらく一《いっ》ちゃんの味方作りに力を貸してやってくれないか?」

私は自分の隠れ後援会長たる安倍晋太郎先生の懇願に応えるべく、中川先生と東奔西走した時代がありました。

中川先生の子分作りです。警視庁のエリートから転身して政界に打って出た広島の亀井静香先生の第一回の当選《せんきょ》がそれでした。この時は岡山の平沼赳夫《たけお》さんの選挙区を同時に行ったり来たりして戦いました。落選の憂き目を味わわされていた平沼さんが、この時初当選しました。

私の力など無いに等しいのですが、広島では宮澤喜一先生と同じ選挙区ですから、こちらも心して農村部をターゲットに戦ったのを覚えています。中川先生と秘書の多田さんと、宿屋などに泊まらず、夜行寝台車で飛び巡ったものでした。各地の候補者の応援です。

「夜汽車で御馳走するからね！」

中川先生の言葉に心を弾ませて列車に飛び乗りました。夕食を惜しんで選挙カーで走り回って、腹ペコです。

「ホレ！　大盤振る舞いだ！」

寝台車の上段で、紙袋を開けて驚いた。

何の変哲もない駅弁が、二個入っていた。

しかも同じ弁当でした。

「先生の贅沢って、コレなんだ……！」

冷えた弁当を二人前腹に収め、中川一郎先生が過ごした北海道広尾町の少年時代を慮《おもんぱか》りました。

「同じ弁当が二つなら、確かに破格の扱いに違いない！　うん、こりゃ、お大臣様じゃなきゃ叶わぬことだよなぁ！」と考えたのかなぁ。

それにしても、お茶が欲しかった。

下段から、もう中川先生の鼾《いびき》が轟いていた。

まさに「北海の羆《ひぐま》」そのものだった。


その羆から要請を受けた。

「私の師匠の伴睦先生の息子さんの選挙に手を貸して欲しい！　安倍ちゃん、頼むよ！」

「一ちゃんを助けてやってよ！」

安倍先生は私の親分だったし、その僚友の中川先生の手助けは、頼まれずとも動いた。

長い前置きでしたが、これが大野明さんという、伴睦先生の四男の選挙でした。

ほら。ほらね。

関わりないようでも、私は何回も大野明さんの選挙や、その選挙を支えていた県会議員や市会議員の選挙でも、岐阜へ出掛けているのです。〝縁は異なもの味なもの〟なのですね。

「政治は、義理と人情です！」

判りやすくていいですね！　私もこれだけで大野伴睦という人間を好きになってしまうのですから、古池さんの如き「義理人情」を絵に描いたような人間が、大野先生に惚れない訳がありません。

どう二人は結びついて行ったのかに私は興味を持ちました。

その結びつきの鍵こそが、力道山なのです。

「人間は役に立つか立たないかだよ！　役に立つ者に手を貸すのが政治家だからね！　私は、見分ける力を養って政治家になったんだから！」

そう言われて、大野伴睦先生の懐に飛び込んで政治家になれたのが中川一郎なのだった。

私が長いあれこれを書いたのは、この大野伴睦という政治家がいなければ、力道山の存在も世に広くしめすことは出来なかったからなのです。

またまた「興行」とは？

これだけは知っておいて欲しいことがあります。終戦後、焼け野原に為ってしまった大都会の有様は、それを目の当たりにした者にしか実感として残りません。

敗戦の現実がどんなに重くても、とにかく人は生きねばなりませんでした。

その現実を少しでも忘れることが出来たのは、娯楽しかなかったのです。

その娯楽が何であれ、お金を払って楽しめるものは、興行であったのです。

終戦の混乱期に、これは打ちひしがれた人々の心を楽しませ、和ませ、温もりをもたらしてくれました。

断言出来ます。日本中の国民は、興行に勇気や希望、夢を与えられて生き延びたのです。

山田洋次監督が私に言った言葉が、今でも心に残っています。

「私はね、『チワー！』ってやって来るクリーニング屋の若者が、『先生！　今日は休みだから映画館に行って来ます！』って言う。この人が心から楽しめたと思える映画を作りたいと、いつも考えてるんだ！」

私の若い頃の話です。

「島に、さだまさしさんを呼んだのさ。船着き場には、大勢集まりましたよ。とにかく大歌手さんが我が島に来るんですからね！」

この人の話は上手だった。新橋の料理屋の座敷で、十人の客は興味に引かれて息を呑んで箸を休めていた。

話上手は町長だった。

遠来の町長を歓迎する為の食事会なのだ。その主役が十人の東京人に語り出したのだ。

「皆さん。屋久島ってご存じですか？」

まず町長の第一声は、そうだった。

誰もが屋久杉を頭に浮かべたろう。

「屋久杉ですか？」

と町長は言った。

全員がズバリと当てられて苦笑していた。

「その他のこと知らんでしょうね。何県ですか？　面積は？　人口は？　ね、判らんでしょう。そう、そんな島なんです。そんな島ですから、少し町長として奮発して、さだまさしさんを呼んだんです。あの人の歌、島民に人気ありましたから！」

町長の話はこうだ。

いよいよ連絡船がやって来て、さだまさしが下船して来た。

みんながどっと取り囲んで、近間の宿まで大行列が賑賑しく消えて行った。

で、喧噪が去った後に、老人ばかりが何十人か取り残されていたのです。

「町長！　来なかったなあ！」

「えっ？」

「来なかったじゃねぇの！」

「あらあ？　今みんなと一緒に宿屋のほうへ行ったでしょうが！」

「いや見てねえ！　お前見たか？」

聞かれた婆さまも、

「町長！　この嘘つきが！」

「あらあ？　今みんなと、あっちさ行ったでしょう！」

「どこ行ったって？　猿なんて降りて来なかったぞ！」

あっ！　さだまさし来る！の島内放送を、この人達は聞き間違えたのだ。

「みなさーん！　いよいよ本日、さるまわしが来ますよ！　波止場にお集まり下さーい！」
さだまさしを、猿回しと勘違いしたってだけのお話。
これ、終戦直後の話じゃないですよ。当時、屋久島の町長さんから直接聞いた話です。

いつの時代でも、その土地その土地で人々は掛けられる興行を楽しみにしていたのです。こうした業務を生み出した動機は、毎日を労働に明け暮れる人々に楽しみを与える為の必然の手段だったのです。

「見世物」として成り立つことが絶対条件です。普通ではない、特別の何かが必要なのです。ハレの世界ですから、ありきたりではない何かがあれば良いのです。

蛇を丸ごと生きたまま、呑み込んでしまうのもＯＫです。

髪の毛が十メートルある女性もＯＫです。

身長が二メートルでも良いでしょう。

でも、そんなことよりも、客を笑わせたり感心させたり泣かせたりする技術のほうが喜ばれていました。

それが「芸」なのです。

ひばり、博多に現る

これは、戦後最大の歌謡界の女王の若き日の姿です。そう美空ひばり、昭和二十四年（一九四九年）の十二歳の時です（写真10a、10b、10c）。

昭和十二年（一九三七年）生まれの彼女は、この年に世に出たと言っていい。「河童ブギウギ」でレコードデビューして表舞台に出てきたのが、この年なのでした。

松竹映画『悲しき口笛』に出ました。ご存じのシルクハットに燕尾服で登場し、人々を引きつけました。

私は、川崎の映画街に出掛け、深い秋の夜道を歩きながら、何故か美空ひばりという少女と友達になったような気がしていました。

長い映画鑑賞の中で、こんな気にさせられたのは、これ一回きりです。

「もう僕は美空ひばりとは友達だ！」

そう現実の世界に入り混じらせて、少しも変だとは思わなかったのでした。

その幻想から時が移り、ひばりさんの居住する座敷で、共に食事したり、ゴルフに興じたり、お客さんを喜ばせるのを共にしたりといった現実が訪れましたが、私はお会いするもっともっと前からの知り合いなのだと思っていました。

美空ひばり。すべて昭和24年10月の写真。bはひばりのサイン入り。『悲しき口笛』の舞台衣装、シルクハットに燕尾服だ。

(10a)

(10b)

(10c)

その夢を心に植え付けた姿のままのひばりさんの写真に、今、私は見入っています。この写真を私に提供してくれたのが、前頁でひばりさんと一緒に写っている古池社長の末娘・慶子さんです。終戦一年前に生まれた彼女は、この時五歳です。

まず考えて頂きたいのは、美空ひばりはまだ国民の全てが知る少女歌手ではありません。しかし、中央の東京では、例えば映画界、そしてレコード界、更には雑誌などのマスコミ界では、注目著しい天才少女となっていたのです。

これ以後は世に知られていますね。しかし、博多の古池慶輔社長の劇場へ来る迄の道程こそが、本当の美空ひばりの運命の歴史なのです。これはこの本で皆様に知ってもらう、初めての足跡なのです。

美空ひばりにしても、この博多の劇場「柳橋劇場」と「柳橋南映」の舞台を踏む為に、太く強い絆の援助が無かったなら、その後の九州での巡演も起こりえなかったでしょう。改名したこの年、「美空ヒバリ」ではなく「美空ひばり」として九州に足を踏み入れました。美空ひばり最後の巡業も、思えば九州なのは縁の深さですかね。

彼女の知らない、興行という大人の世界の中で、男達の長い時間を掛けたやりとりから生まれていた絆です。気心と意気を分かち合い認めあった三人の男の連環の絆です。

「天才少女や！　興行で試したいんや！」

これが三人の同じ思いなのでした。

一人は、博多の劇場主で九州一の興行師、古池慶輔です。

一人は、美空ひばりを預かって、考えられる全てを注ぎ込んでいた神戸の親分、田岡一雄です。

一人は、東京にあって興行の「荷物」を組み立てて日本中に送り出していた日本一の興行師、永田貞雄です。

この三人の興行における熱情は、敗戦国民の起ち上がりの奮起にどれだけ貢献したか。田岡一雄は山口組三代目として、世の中ではやくざとしての立場ばかりが強調されてしまいがちですが、私はそれは度外視します。

本書では、私の調べたものに加え、私の洞察を大切にして、その成果をお伝えしています。

ひばり誕生の源流に

「美空ひばり」を日本で最初に認めたのは、横浜は磯子の「魚増」という魚屋の女房で、加藤喜美枝さんでした。

後年「ひばりママ」と称されたお母さんです。

私は昭和三十五年（一九六〇年）に水原弘の付人になり、ママにも目を掛けて頂きました。

「綺麗な目だなぁ！」

最初に思いました。キラキラ輝く瞳は、誰の目よりも若々しく見えました。

その瞳の周りの皮膚が、少し閉じられて、目そのものが細くなると、ママの機嫌が良い時だと察しました。

「ここ！」

そう言われて、下手二階の照明室に陣取るママの体に寄り付くように腰を下ろすと、チラリと私を見た目に皺が寄りました。

「正面！　ピン絞って！　そう、それ！　忘れるな！」

下の舞台では美空ひばりが歌っています（写真11）。

新宿コマ劇場は二千七百五十人を収容する大劇場です。そこが満杯です。

照明室から、ママは斜め下のステージを観つめ続けているのです。

狭い室は手際良く整理され、黒電話がビッシリと置かれています。それぞれ舞台監督へ、照明コントロール本部へ、音響ルームへ、大道具親方へ、直通です。チーフは電話の前から動けません。チラリと照明が動いても叱咤が飛びます。

美空ひばり公演に、妥協はありません。

出演者も裏方も劇場側人間も、寸分の隙も見せられません。

（11）昭和36年頃の美空ひばり。

最大の神経を使って進行させていました。

例えば舞台に塵が落ちていました。ママの怒りは絶大でした。

「神聖な舞台を汚すとは！」

支配人が頭を下げても駄目でした。

結局、親会社の東宝から然るべき人間が飛んで来て落着しました。

それからです。美空ひばり公演では、裏方さん全員の腰に小さなチリトリと極小の箒がぶら下がっているのでした。

終生、我が子を我が子とせず、日本の大歌手と見つめ、己は名マネージャーたらんと生きた、あの方は偉大なる日本の母でした。


さて、もう一人、美空ひばりの天分を見抜き、何とか世に出してやろうとした者がおりました。

そうです。川田晴久です。

川田義雄で売ってきた吉本興業（東京）の芸人が、何故、彼女に目を留めたのか。

戦後、一風変わった歌いっぷりで世に出てきた歌手がおりました。

笠置シヅ子です。

昭和二十二年（一九四七年）、「東京ブギウギ」の大ヒットは服部良一を作曲家としてクローズアップさせる程売れ、「ブギの女王」と謳われました。

この物真似で、横浜辺りでは知らぬ者がいないくらい、美空ヒバリ少女は有名になりました。

この頃、川田義雄は、命の恩人達の力で、脊椎カリエスの再発から脱却しかかっておりました。特効薬のお蔭で、川田義雄は仕事が出来るほどに回復したのです。

「御恩返しと申しても私は芸人、この体でお返ししましょう。興行に出して下さい！」

川田義雄とダイナ・ブラザーズは復活。それを知って吉本興業からクレームが入った時、心底怒ったのは田岡さんでした。まだ山口組の三代目を継いでいない時期の話です。

ここから川田義雄も意地を見せ、川田晴久と改名。吉本を脱けました。

田岡さんは港湾労働者の業務に携わっていた関係で、横浜の有力者と線が繋がっておりました。この辺の先見の明は実に立派です。

「川田を横浜で使ってやってもらえるかな」

一声で、横浜国際のステージが空きます。

永田貞雄の出番です。

「今なら、笠置シヅ子だな。彼女と組ませましょ！」

これで決まり。裏は強力な横浜の企業者や実力者の後押しだった。

「一人、笠置の物真似の上手い娘がいるんだけど、出させてもらえませんかね？」

支配人だった。

昭和二十三年（一九四八年）三月に、この娘は「伴淳三郎劇団」の「新風ショウ」に出ていた。

美空ヒバリ。

昭和二十三年（一九四八年）六月一日。

美空ひばり。

初め、少女は笠置シヅ子への花束贈呈を許されただけだった。

ショウが終わると、映画の上映だ。川田は束の間の休息で、外の非常階段で一服していたら、

〽地球の上に朝が来る　その裏側は夜だろう〜

と、上から自分の物真似が降って来た。そっと上っていくと、母と娘がいた。花束贈呈の少女だった。

「ほーう！　もう覚えたのか！」

「うん、ラジオで覚えたの！」

「ほーう！　よし、次のステージ、笠置シヅ子歌ってみるか？」

ママの目が輝いて細められた。

「来週は、おじさんは浅草の国際に出るぞ！　どうだ、一緒に出て歌ってみるか？」

「はい！」

「はい！」

母と娘が同時に答えた。

川田晴久は実力と名声を得ていた。人柄の良さも評価を得ていた。

そこに田岡一雄の力が加わっていたから、田岡のシンパは皆、川田を応援していた。横浜には強力な布陣の味方が揃っていた。それ等の力が結束して、川田を応援し、それが美空ひばりの後押しとなるのだ。

私は、はっきり申し上げる。美空ひばりのバックには、田岡一雄に連なる人脈が、強力な一致団結でまとまって支援していたのだ。

まだ誰も気に留めていない時代、博多の古池社長の写真には、売り出す前の美空ひばりを引き上げる人々が全て写っている。

その源は川田晴久なのだ。

当然、彼を引き受けた田岡一雄は、陰ながら身を救った古池慶輔を紹介する。

博多に恩返しする為に川田晴久は、田岡を通して自分の世界での仲良しを博多へ導く。

田端義夫がそうだった（写真12ａ）。

映画で知り合い気心を通じた伴淳三郎も、川田が接着剤だった。バンジュンの内縁の妻が清川虹子だった（写真12ｂ）。

(12a) 田端義夫。古池慶輔の知人のお見舞いに訪れた時。

(12b) 昭和29年4月28日、ひばりと江利チエミの後ろ盾である清川虹子と伴淳三郎。

虹子の仲良しの宮城千賀子もそうだ。

「親分、良いプロダクションありませんか」

そう田端に頼まれれば、ひばりの為にプロダクションを設立させてやり、横浜国際劇場支配人から「新芸術プロダクション」社長にさせた福島通人《つうじん》に一声掛ければいいことだった。

川田晴久自身が、そこへ預けられていたのだ。そこに田端義夫は所属する。

その後の時代の推移で事実関係は歪められてしまっているが、私は断言する。

大スターを抱えるプロの社長になっても、所詮その器に無い人間なら、崩壊は致し方ないのだ。残念ながら長続きしないのだ。やはり器かな。

運良く鶴田浩二という新人を掘り当てた兼松廉吉も然りなのだ。自滅の道を辿り、所属のタレントは皆、田岡一雄の元へ靡《なび》いていってしまうのだ。

田岡がいかに頼り甲斐のあった人だったか。芸能人には実に良く接し、接した人々には深く敬意をもたれていたのが事実なのだ。

「それは、意地悪せんからね。親分は。苛めたりせんのよ。ワシ等でも、堅気の人苛めたらいかんと、きつく言われとるんよ！」

人に「ボス」と立てられていた菅谷政雄さんが、私の若い日に語ってくれた。田岡一雄像だった。

ひばり母娘にとって、田岡は身近で親身になってくれる最大の人だったのだ。

この章の最後に、古池社長の経営していた旅館の玄関前での写真を見て欲しい（写真13）。自身の存在が重荷とならぬようにと気を使い、ひばりの写真には、この頃は余り写らないようにしていたのだ。

弟の小野透が組員だからと、ひばりは公演の公共施設使用を禁止され、昭和四十八年（一九七三年）大晦日のNHK『紅白歌合戦』を出演辞退していた。

この窮地に背後は動いた。永田～田岡～古池ラインだ。

九州巡演は、常に温かかった。日頃のひばり公演では見受けられない旧式の会場でも、ひばりは気持ちよく歌った。十二歳からの自分を、こよなく愛してくれている人に支えられて、美空ひばり一家は、晴れ晴れと舞台を務めたのだ。

(13)美空ひばり、弟の小野透、母。そして田岡一雄の姿も(左端)。

その巡業を、常に同道し観続けてくれている四つの目を、ひばりは背中に感じていた。母と田岡さんだった。捨てる神あれば拾う神あり。

「おじさん、今回もありがとう！」

それは、田岡さんと古池社長に向けた、ひばりの心からの言葉だったのだ。

三章

写真で辿る戦後芸能

終戦翌年に劇場オープン

まったく電気が通っていない村もたくさんあったのが、戦争に敗れた昭和二十年（一九四五年）の日本の現実でした。水道など無い生活が日本中にありました。村と言われる場所には、電気や水道やガスといった文明は行き渡っていないのが普通でした。

比較的文明の恩恵を受けていた市街地や都市の住民も、一転して焼け出されてしまいました。全国の都会は被災し、完膚なき迄に破壊され尽くしました。それでも焼け焦げの木材などで雨露を凌ぐバラックを建て、踏ん張りました。

さて、焼け出された人々が一番苦しんだのは衣食住の中の食でした。文明を享受していた人々の弱さです。

ランプや井戸水で生活していた人々には、戦争の大打撃は及びませんでした。元々、自給自足の生活の中で生きていた農村ですから、食の困窮はありませんでした。

一方、都会人達もお金はありません。終戦と同時に、街々には焼け跡に市が立ちました。そこには食料や必需品が並んでおりました。家族を食べさせていくのには、配給という食糧供給システムだけでは足りないのが現実でした。

闇市を避けた人々は、汽車に乗り、買い出しに田舎へと走ったのでした。そこでの特徴は「物々交換」という、非常に原始的な商法でした。

「お米を少し分けて頂けませんでしょうか。この腕時計は、大変高級なロンジンという製品です！」

懇願された農家の主人が、相応の米や芋を渡してやる光景が日本中の田舎でありました。そうして背広や着物や書画骨董は、都会から田舎へと流れました。

余談ながら、テレビ番組の『開運！ なんでも鑑定団』の出張先で出てくる品の中には、こうした時代にその地に渡った都会の人々の物が多分に含まれているだろうと、私は思って観ています。

さて、そんな終戦翌年の七月に、博多ではレヴュー舞台がオープンするのですから、全国的に見ても大変な偉業でありました。

日本人が打ちのめされている姿は子供の私にも記憶されています。しかし、今思えば、へこたれた言葉など私の両親は勿論、近間の大人から聞いた覚えがありません。

「参ったな！」の声よりも、「どう生きるか！」を自分に問い掛けて、声を出さずに生きていたのでしょう。きっと父と母は話し合っていたでしょうが、父は母に弱音など吐くことなく、母は母で心配を掛けまいと懸命だったのに違いありません。

そんな家庭が日本を再興させる縁の下を支えていたのです。

そうして歯を食いしばって生きていた博多の一角に、レヴューを見せる劇場がオープンしたのです。

終戦の翌年ですからね、凄いですよ。

水の江瀧子

水の江瀧子は、戦前から戦後直ぐの時代を知る人々にとっては、その後の日活映画会社が復活して来てからのイメージとはとてつもなく違っています。もう、石原裕次郎を発見し育てたプロデューサーとしての印象しか残っていない。その昔の踊り子としての水の江瀧子を知る人は、今やほとんどいないでしょう（写真14）。

水の江瀧子は、宝塚歌劇を意識して作られた松竹歌劇団の一期生です。東宝の宝塚に対して、松竹が東京で創成した女子レヴュー団です。

女子レヴュー団は大正三年（一九一四年）、阪急電鉄の総帥小林一三が、阪急電車の需要を増す為に、鉄道沿線の住宅地と共に考え出した娯楽産業でした。若い女子ばかりのレヴューは評判を呼びました。全国的に各種の類似レヴュー団が誕生し、大正時代初頭のブームとなります。

そんな中、白井松次郎と大谷竹次郎率いる松竹は、大正十一年（一九二二年）に大阪でレヴュー団を結成しました。「松竹歌劇団」で、「ＳＫＤ」でした。やがて昭和三年（一九二八年）八月の末に、浅草松竹座の開劇に合わせて東京でも発足。この最初のスタートが、「ターキー」こと水の江瀧子でした。

昭和五年（一九三〇年）、彼女は突如異彩を放ちます。なんと女歌劇の女性として初めて、男性風に断髪し「男装の麗人」と異名をとり人気が沸騰するのです。

(14)昭和21年11月30日、「ターキー」「男装の麗人」水の江瀧子。劇団たんぽぽ時代の貴重な写真。

この写真に登場している彼女は、細身の均整のとれた、実に美しい姿態です。彼女の髪は女性そのものですが、断髪当時は宝塚にも男役の断髪が流行し、大変な人気を誇ったのでした。

しかし、時代は刻刻と戦争が近づいておりました。

「こんな非常時に、若い女子が足を上げたり下げたりするとはけしからん！　それを観ている国民も又けしからん！」

軍部の圧力は日を追って強

まりました。レヴュー界空前の人気を独占していたターキーも、昭和十二年（一九三七年）、浅草に国際劇場が開場して人々が喜んでいても、時代の流れには勝てません。

昭和十四年（一九三九年）、ＳＫＤ休止。

昭和十六年（一九四一年）、第二次大戦始まる。

昭和十八年（一九四三年）、ターキー退団。

この少し前、大戦の始まる中で、軍部の圧迫がありながらも、ターキーは「劇団たんぽぽ」を旗上げしました。

これは恋人の勧めで結成したのです。ターキーの恋人は、松竹の宣伝部の男でした。名を兼松廉吉といいました。この人は戦後直ぐに鶴田浩二を売り出し、マネージャーとして顔を売ってゆくのです。

ただ、ターキーは結婚を考えていたのに、兼松には奥さんがおりました。

それなのにターキーともあろう方が、彼の言うままに行動していたのには、彼女を知る者達は驚いて見ているばかりでした。

立ちいたらぬ踊り子生活から脱する為、恋人の言うままに「劇団たんぽぽ」を立ち上げました。兼松は松竹を辞めて、ターキーのマネージャーとして独立します。

劇団は、音楽喜劇で編成され、団員には堺駿二、有島一郎、田崎潤といった、腕のある男性陣が加わりました。

そして、恐らくこの一座は昭和二十三年（一九四八年）の解散まで、それぞれの活動の合間をぬって、巡業に出たのでしょう。

その売り込みを、兼松マネージャーは、永田貞雄に託したのです。三人の輪に入ったマネージャーだったのですが……。

昭和二十一年（一九四六年）に博多へ巡業に来ているのは、終戦前にも来ていたということです。それだけの関係が出来上がっていた訳です。

古池社長は三十八歳。

ターキーは三十一歳。

勿論、兼松マネージャーも一緒です。この時から八年後、彼は自殺してしまいます。

ターキーと鶴田浩二という二大人気者を有するマネージャーとしての所作が、少々驕りを見せすぎていた為、周囲から疎まれてしまったが故の、八方塞がりによるものだと言われています。色々問題を起こしていたのです。人と人との問題だったのでしょう。

さて、恋人の支えを失ったターキーはこの後、日活映画のプロデューサーとして再度脚光を浴び、更に後には、ロス疑惑の三浦和義事件で渦中の人となるのです。

高峰三枝子

終戦翌年にもかかわらず、次から次へとスターが博多に来ています。

さて、写真を見てみましょう。昭和二十一年（一九四六年）の七月に、古池社長の劇場「柳楯映画劇場」へ高峰三枝子が登場した時のものです（写真15）。

彼女はこの年、二十八歳。女盛りです。匂うばかりの美しさです。本当に日本にもこうした美しい女性が居るのだろうかと、九州男児は肝を潰した筈です。

私なんかこの時から二十五年も経った昭和四十六年（一九七一年）に、フジテレビの連ドラ『てるてる坊主』で共演出来ました。御歳が五十三歳でしたが、いやぁ美しかったです！

高峰さんが母で、私が息子の役でした。

現実には、私は結婚したばかりでしたね。私が家を持とうとしているのを知って、持ち家の一つを私に譲ってくれようとしました。

「戦後、私が再出発して盛り返していったのはこの家でしたよ。縁起がいいからこちらに住みなさい！」

想像以上の安さでした。

「どうしてそんなに安くして下さるの？」

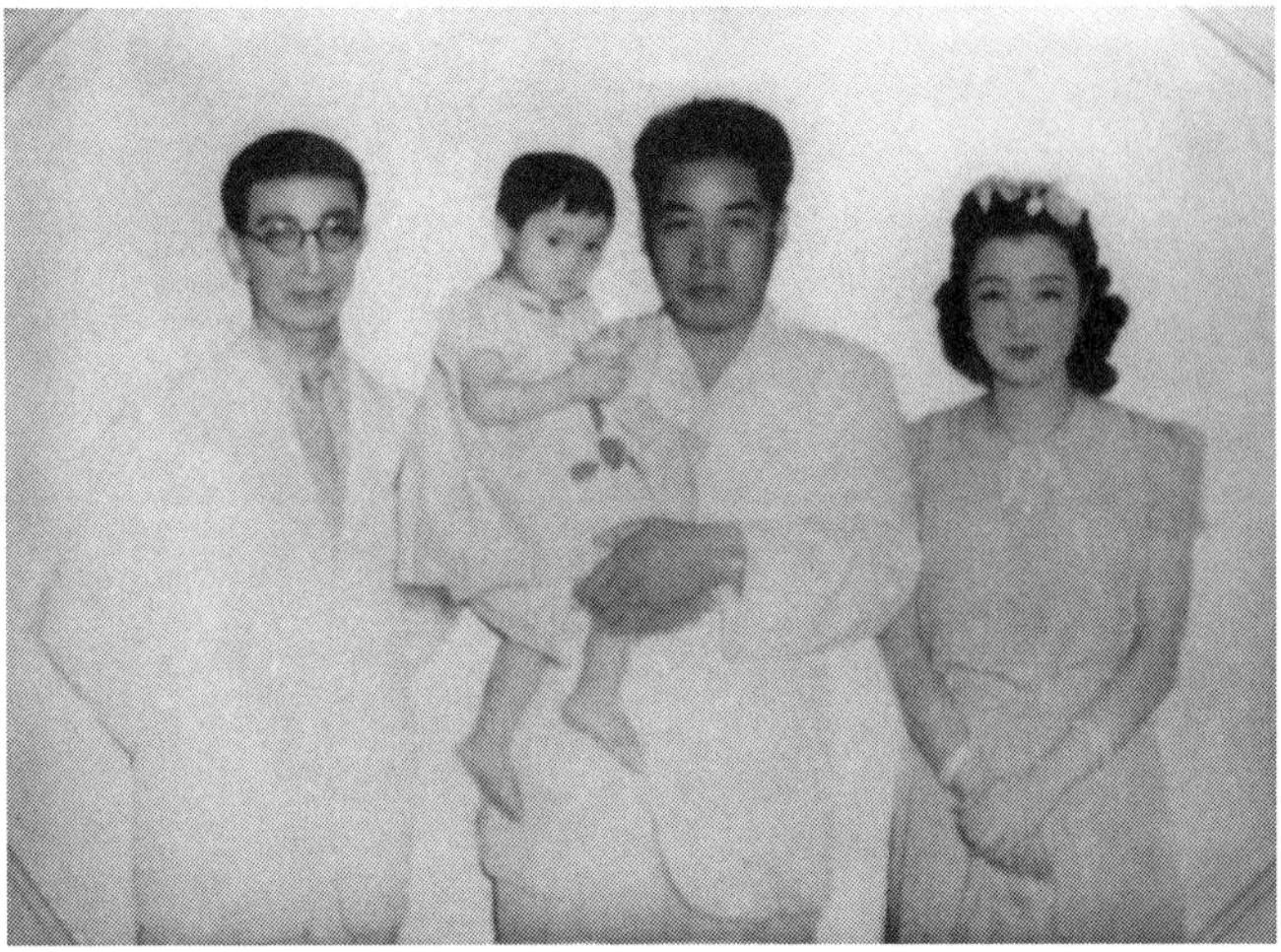

(15)昭和21年7月、高峰三枝子。左は松竹の俳優・小林十九二。

聞いた女房に対し、ケロッとして言い放って、ケラケラと笑った姿が忘れられません。

「あら。あなたは女房でしょうが、私はこの子の母ですからね！」

そんな江戸っ子気質の、あっけらかんとした姉御肌のスターでした。

私が高峰三枝子さんと同世代だったら、絶対に女房にしようと努力したでしょうね。うちの女房と同じぐらいに美人でした。

彼女は昭和二十一年（一九四六年）には、松竹で三本の映画を撮っています。『グランド・ショウ一九四六年』と『待ちぼうけの女』『お夏清十郎』です。

松竹映画の脇役・小林十九二が写っておりますから、これは舞台挨拶かもしれません。今で言う、プロモーションだったかもしれません。楽団と共に歌うショウ構成だったかも、はっきりしていません。とにかく高峰三枝子さんは歌う映画スターの草分けの人ですから、巡業に出ていたかもしれませんね。

終戦翌年の七月の時点で、高峰三枝子を劇場出演させている古池さんは流石です。

同年八月にも松竹は、飯田蝶子、吉川満子といった女優を送り込んでいますね。

十一月にはエノケン、榎本健一です。この時代は戦前の売れ方がそのまま継続していた訳ですから、「日本一の喜劇王!」とか「喜劇の王様エノケン来る!」とか言われたのでしょうね（写真16）。

今の人々にエノケンは未知の世界の人かも知れませんが、昭和二十一年（一九四六年）時点のエノケンは文句なく日本一の喜劇の王様でした。昭和二十年代前半迄は、文句の無いキングでしたね。その王様本人が博多へ来て、劇場に出るとなると、町の人々は目と耳を疑ったでしょうね。

と言うのは、日本には古来、偽者とか偽物の文化が入り混じる社会が存在したからです。人気が出れば、必ずといっていい程反目のまやかしが出現したのです。

そして社会は、「偽者が出たから、あいつは大したもんだ!」と認めたものでした。

特にエンターテインメントの世界では、これが顕著でした。例えば美空ひばりが笠置シ

(16)昭和21年11月22日、喜劇王エノケン。衣装から時代劇と現代物の二本立てだと判る。

ヅ子の物真似で売り出し、天才少女歌手として全国に認知されていきました。

でも、これは物真似ですからいいのですが、困るのは全国を興行して歩いていた偽者です。

「ブギの女王　笠置シズ子来る！」

こう宣伝され戦後の一番人気歌手、「東京ブギウギ」の服部良一メロディーに引かれて、田舎の客は皆、騙されていました。

「笠置シヅ子じゃないぞ！」

と文句を言っても、

「いえ。良く見て下さい！　うちは、笠置シズ子です！」

ズとヅの違いです。こんないいかげんな興行師や興行社は日本全国至る所に存在していました。

(17)昭和27年7月13日、笠置シヅ子。ブギウギを流行らせた。

ギャラの持ち逃げや、約束を守ってもらえない興行旅はたくさんありました。本物の笠置シヅ子が博多の古池さんの劇場に来るのは、昭和二十七年（一九五二年）まで待たねばなりませんが（写真17）、笠置シヅ子を真似して売れた美空ひばりは、それ迄に何回も来ています。

さて、エノケンの偽者は、

「天下一の喜劇王　来る！　爆笑　エノケソ！　登場！」

これも笑える。エノケンではない、良く見ればエノケソだから。

美空ひばりも、こうしたガセネタの多かった戦後の第一の品物でした。

「天才少女　御当地　初登場！　あの　美空ひはり　来る！」

だものね。私も子供ながら知っている事実だ。二歳年長のひばりさんを少女時代から見て生きて来たから、この辺りは実感として幾つもインチキ興行を知っている。

「ひばりがひばりでは、点で違う！」

そんな洒落で事済んでいた時代が、昭和という時代の戦後です。

そうしたインチキな興行を考える者、そうしたタレントを作り出す者、それを小屋に掛ける者、判っていても観に行く者、それが昭和三十年代迄は存在していましたね。

藤山一郎

写真を見て下さい。藤山一郎を迎えた時のものです。前列古池社長と並ぶ藤山一郎は、戦前からのスターです（写真18）。

昭和六年（一九三一年）、「酒は涙か溜息か」は空前のヒットとなりました。この歌は古賀政男の作曲です。無名の二人が世に出て行ったこの曲は、なんと百万枚の大ヒットを記録したのです。日本中に蓄音機が二十万台しかない時代の百万枚ですよ！

このコンビで「丘を越えて」も連続ヒット。そして二人はスターダムに伸し上がったのです。

藤山一郎と言えば、日本人の好む名曲ランク第一位の「青い山脈」ですね。でも、それは昭和二十四年（一九四九年）です。

この写真の時は、インドネシアで戦争の捕虜となっていて、やっと昭和二十一年（一九

(18)藤山一郎御一行(前列座席左から田岡、吉次、子供を挟んで藤山、古池)。

四六年)七月に復員船で帰国したばかりでした。七月二十五日に広島の大竹港に、改装された航空母艦・葛城《かつらぎ》に乗って辿り着いたのです。

八月二十四日にはNHKのラジオ番組『音楽玉手箱』に出ています。

格調の高さから〝国民的歌手〟と称された人だけに、NHKだけでなく国民が放っておかない歌手だったのですね。その方が、南方の激戦地で捕らわれた後、生き延びて帰って来たのです。

さあ、帰っては来たが、生きて行かねばなりません。食べる道は歌です。

その道を付けたのは永田貞雄でした。

「藤山が帰って来た! 使ってやってくれ!」

そう一報をした相手が神戸です。今度は

田岡一雄から博多に声が掛かります。

「藤山が帰って来たで！　又、稼がせてやってくれまへんか？」

「何を仰いますか！　喜んで！」

山口組三代目を継いだのが六月でした。七月から劇場を再開している古池には、藤山一郎の帰還は我が事のように嬉しいのでした。

丘を越えて
〽丘を越えて　行こうよ
真澄の空は　朗らかに晴れて
楽しい心　鳴るは胸の血潮よ
讃えよ　わが青春《はる》を
いざ行け　遥か希望の　丘を越えて
作詞　島田芳文
作曲　古賀政男

昭和六年（一九三一年）にヒットした歌をもって、藤山一郎は全国の旅に巡演して行く勇気を、博多に求めたのだ。

戦地の慰問で歌ったこの歌を、兵隊さんはどう聴いただろうかと、今、書きながら私は思う。

〽丘を越えて　行こうよ

（そう！　丘は戦争だ！　終わったら、戦争が終わったら）

〽遥か希望の　丘を越えて

（そこは祖国だ。日本の大地だ！）

希望こそが、生きる者の最大の力の源泉なのだ。藤山一郎の歌声を、パレンバンの島やジャワの南方戦地で耳にし、目にして、どれだけ勇気付けられたことでしょう。

そして戦後、祖国に命からがら辿り着くや否や、敗戦国民の慰めにと巡演して行った藤山一郎という人に、今更ながら驚きと共に敬意を覚えるのです。

いやぁ立派な人です。

そして、それを一声で具現化してみせることが出来た人脈が見事です。

いくら藤山さんが、「歌いに出たい、全国に行きたい！」と望んでも、あの終戦のどさくさの中ですからね、おいそれとルートが見つからないってものです。受け入れ先もままならぬ状況でしたでしょう。

特に興行の世界は、いかがわしい興行師が跳梁跋扈《ちょうりょうばっこ》していました。極端な話、八十パーセントがいいかげんなビジネスだったようです。二千社もあった興行社のほとんどが、看板を掲げているだけのやくざ者の世界でありました。

そんな中で、戦前から興行という商売を真っ当な稼業として事に当たっていた田岡一雄という人には、改めて尊敬を感じざるを得ません。

藤山一郎さんは、日本の歌手の中で、最も孤高の人と言われたそうです。本来はクラシックの世界の逸材とされていた方が、歌謡曲の世界を志向して行って音楽界を驚かせたものでした。

そうした常識人の中の常識人の藤山一郎さんが心を寄せて、己の仕事を仕切らせたことこそが、このラインの素晴らしさを物語っているのです。

東京にて永田貞雄。そこから

神戸にて田岡一雄。そして、

博多にて古池慶輔。そこから、

九州巡演の旅へ。でしょう。

「古池親分?」

「藤山先生を、わしのとこで、三日博多に出さす。その後、博多のキャバレーで、小倉、門司、と山本社長に渡そう。一日、移動で、熊本、また一日休んで移動で鹿児島やなぁ。

お前、三日預けようか？」

古池御大からの電話で、大村の百田興行師は小躍りしたろう。

「よっしゃ！　ありがたいことです！　しっかり預かりまっせ！」

力道山だけでなく二所ノ関一門の巡業で昔から世話になっている興行師だけに、九州興行界の総帥的役割の古池社長には、恐れ多くて「社長」などとは呼べなかったのだ。

「古池親分！」

そう呼んで憚らなかった。それで、家族が嫌がったものだった呼び名が行き渡ってしまった。

近隣の本物のやくざが何かと古池社長の世話になり、

「古池親分すみません！」

「親分よろしくお願いします！」

そう言っている者が本物のやくざの親分だったりするから、古池慶輔はやくざでもないのに「古池親分」と通称されるようになってしまったのです。

それにしても、もう一度写真を見て下さい。

古池社長や皆さんの恰好から、夏だとお判り頂けましょう。

白の夏服姿の藤山一郎、三十五歳。

古池慶輔、三十八歳。

よーく見て下さい。前列左の背広の方は、古池慶輔のシンク・タンク、吉次鹿蔵さん。

そして、そして、その左の着物姿の人こそ、誰あろう、田岡一雄その人なのです。

そうです。この人の凄さは、自分が扱う「荷物」に付いて歩いたのです。何度も言いますが、終戦の次の年ですからね。左側に立つ半袖姿の人達はバンドマンでしょう。それ等を連れて神戸芸能の責任者として一緒に来ている姿です。

博多の人々も、

〽丘を越えて　行こうよ
(そうさ！　この苦しさを乗り越えよう！)
〽真澄の空は　朗らかに晴れて　楽しい心
(そうさ！　負けてなんかいられるか！)
〽いざ行け　遥か希望の　丘を越えて
(そうさ！　胸を張って、生きんばい！)

眼を輝かせて希望を取り戻してみせる庶民を見ながら、ステージと客席の両方を見つめている田岡一雄の胸に、本当に実感していただろう思いは、これだ。

「興行っていいなあ！　大勢の人に夢や希望を与える仕事や！」

美ち奴と女剣劇

この年九月には、美《み》ち奴《やっこ》と中野弘子の組み合わせが来ています（写真19）。

浅草の芸者さんに美人で歌の上手い娘がいると、評判になっておりました。レコード会社の知るところとなり、見聞のお座敷で歌って驚かせ、たちまちレコードが出されました。「うちの女房にゃ髭がある」が大ヒットです。

私なんかでも学校に上がる前に歌っていましたからね。これはサトウハチローの作詞、古賀政男の作曲です。サトウハチローは浅草の主みたいな変人で、豊かな詩心に溢れた詩人でした。きっと美ち奴さんと知り合いだったんでしょうね。

「ああ、それなのに」で不動の地位を築きましたが、調べれば調べる程、哀しい運命の美人です。

〽ああ　それなのに　それなのに
ねえ　おこるのは　おこるのは
あたりまえでしょう

（19）昭和22年9月26日、美ち奴（左端）と中野弘子（左2人目）。

昭和十二年（一九三七年）の歌なのに、昭和十四年（一九三九年）生まれの私が疎開先の茨城県の片田舎で歌っていましたからね。テレビが流行する昭和三十年代迄の世間は、歌の流行はヒットすれば十年は通用するようになっていました。ですから昭和十二年（一九三七年）のヒット曲は、昭和二十二年（一九四七年）でも立派に通用したのですよ。まさに、博多の舞台は、レコード界から消えていた美ち奴を、大拍手で迎えたでしょう。それはどんなに彼女を励ましたことか！

何故かと言うと、美ち奴は、実に男運が悪いのです。好きになる男は、実に格好良い者ばかりです。ですが、どれほど愛しあっても最後はあっさり美ち奴を棄てて、他の女と結婚してしまう。

北海道から十五歳で上京し、浅草で芸者になった美女は、純真すぎたのでしょうね。それに成功して両親を故郷から浅草へ呼び寄せて住まわせ、親孝行出来たと喜んだのが昭和十八年（一九四三年）です。東京大空襲は昭和二十年（一九四五年）。両親はこの時亡くなっています。

打ちのめされている彼女を支えていたのは、中野弘子という当時大流行の女剣劇役者でした。

「軍国の母」という、戦時歌謡の大ヒット第一号を発しながら、美ち奴は表舞台から姿を消していました。それは、軍部の度重なる統制で発禁になるレコードに嫌気が差していた時、浅草の人気を独占していた女剣劇の中野弘子に惚れ込んだのです。数々の映画に出て演技を学んでいた美ち奴は、彼女の舞台に出演し共演し続けたのです。

そして二人は拠点を京都に移しています。京都は、永田貞雄の息が掛かっておりますね。永田貞雄は興行を、浪曲を中心にしていましたが、一早く女剣劇を取り入れていました。美ち奴を興行に送り出していたのは、同じ浅草の永田でした。

ところが美ち奴と中野弘子の尋常でない仲が、浅草に噂として流れ始めました。戦時下でのそんな話は御法度です。

動いたのは永田です。早いです。

「拠点を京から西にしろ！　とにかく今後は任せとけ！　直ぐに京都へ移れ！」

京都では意を酌んだ興行師、吉野功が住居を整えて待っていました。戦火を避けて、高貴な方は地方の別荘に居を移していて、空き家は多かったのです。一座の者を含めて、そっくり一軒に納まりました。

同時に動いたのは神戸の田岡一雄でした。

その頃、女剣劇の雄は二人で天下を二分していたのです。

西の大江美智子と、東の中野弘子でした。

何を隠そうその大江美智子は、田岡一雄の親分、山口組二代目・山口登とトラブルを起こした、下関の興行社の所属なのでした。

当然、永田貞雄は、二代目と稼業違いの兄弟分の仲でしたから、大江美智子を「荷物」には致しません。中野弘子に力が入る訳です。その中野は、美ち奴の助力で永田のラインの支援を受けたのです。

戦時のゴタゴタの中、美ち奴と中野達を親身に助けてくれたのが、そのまま終戦直後の女剣劇ブーム迄続いていました。一寸は恩返し出来たかなと思う程、九州では受けました。

何の楽しみとてない九州の筑豊の炭田《たんでん》地区の皆さんを、この二人がどれだけ喜ばせたかは、次の事実で判ります。

少し経って昭和二十五年（一九五〇年）、お座敷ソングのヒットが世の中に広まったのです。久保幸江《ゆきえ》の「トンコ節」などが代表ですが、戦後最高のヒットは、実は「炭坑節」なんですよ。

これは各社競作となり、盆踊りに欠かせない代表曲となりましたが、その歌詞に一悶着あったのは知られていません。

〽月が出た出た　月が出た
三池炭坑の　上に出た

と、誰もが歌ってはいないのです。

三池炭坑を「〽うちのお山の上に出た」と歌っています。

これは余り余人は言いませんが、私ははっきり申し上げましょう。

田川市の炭坑節発祥の地と、歌われている三井三池炭鉱との、歌の生誕地争いが原因なのです。三井三池炭鉱は大牟田《おおむた》です。元々は田川の「伊田場打選炭唄《いだばうちせんたんうた》」が原曲でした。そこで「あれは当方の歌だ」「いや、ここの歌だ」と、元祖論争が始まりました。

ここで、争いを治めたのは、松本治一郎先生だったと思います。どちらも三井の山ですから、争うのもおかしいでしょうとなったのです。

そして元々の歌が田川のものだからと、伊田町と後藤寺町で手打ちとなりました。伊田が元祖となりました。

さて、ここです。

「〽三池炭坑の　上に出た」と歌うのは、テイチクの美ち奴だけには許すとなったのです。

これって不思議でしょ？

でも、この筑豊の炭田地区を何年も巡り、人々に喜びを与え続けていた「美ち奴と中野弘子」の一座には、古池慶輔と松本治一郎の肝煎りがあったからだと、この地の人々は皆知っていたのです。本当は永田・田岡などのラインの力も……。

「美ち奴が歌ってるんじゃ仕方なか！」

「よかばい！　よかばい！」

そうなった裏話は、誰も知り得ません。

東京から消えてしまっていた美ち奴は、ゆっくり、心ゆく迄、中野弘子一座で九州にあったのです。表舞台に立たない人達に支えられて……。

筑豊の人々の、美ち奴への恩返しだろうと私は思います。これは良い話です。

〽サノヨイヨイ！

エンタツ・アチャコ

一般人で、写真など撮っている余裕のある人は、ほとんど居ない時代にあって、カメラが趣味というのは、流石です。だからこそこうして残っているのですね。

「えっ？　写真機、持ってるの？」

昭和二十五年（一九五〇年）の東京でも、大人の会話の中に、そうした貴重品に対しての羨望は数多く目の当たりにしました。

私達子供は、本当に乗用車が走り出すと、その後に散る排気ガスの臭いを嗅いでは、それを胸いっぱいに吸ったものでした。

それこそは、今迄知っていた木炭を燃料とした自動車とは違う、まったく新しい科学の感覚をもたらしてくれるのです。その時、みんなが未知の世界の味を知らされたような気持ちになったものでした。

そんな私なんかの判り得ない、昭和二十二年（一九四七年）の博多の劇場での、まぎれもない横山エンタツさんの姿です（写真20）。

エンタツ・アチャコと言えば、この時代の関西喜劇界のトップスターです。

大阪と言えば、吉本興業が元締めでした。

そこの大幹部としての売れっ子なのです。

今の時代のヨシモトは喜劇界を席巻している芸能界の巨大組織ですが、この時代はラジオや映画の劇場の出演に精を出していたローカル企業でありました。

「東京吉本」を創ってもどうしても東京に勝てないのは、全国ネットにならない大阪ローカルのもどかしさでした。その中からラジオに乗って全国的に知名度を上げていったのが、この漫才コンビです。

(20)昭和22年3月26日、横山エンタツ。

その音源は今の時代にも残っています。「早慶戦」という漫才です。私はローカルの二人が、中央の都の六大学の雄・早稲田大学と慶應義塾大学の野球戦をネタにした眼力に驚きます。

これはエンタツという人が、東京でも仕事をしていた時代があって、その視野が大阪だけに向けられてはいなかったからなのです。アチャコの一歳年長になるエンタツは、喋りの口跡が標準語を基調としております。早口で喋っても、聴く側には明確に伝わってきます。

横山エンタツが吉本興業に入ったのは、昭和五年（一九三〇年）です。この時総支配人をしていたのが、後に社長となります林正之助さんでした。

「前に一度組んだことのあるアチャコと組んでみんか？」

これも人生の大事な出会いでしたね。

横山エンタツ、三十四歳。

花菱アチャコ、三十三歳。

エンタツ・アチャコの誕生です。

大阪に、漫才作家の秋田實《みのる》さんが存在していたのも大きい。その示唆で、舞台衣装を背広姿にしたのです。

と言うのも、それ迄の漫才は和装でした。頭に被り物まで付け、脇には鼓を抱え、合いの手にはポンポンと敲《たた》いておりました。これが当たり前のスタイルですから実にゆったりしたもんです。

それが、背広で現れた二人が、

「君！　最近、どこ行った？」

「はい。あーっけい……けい……」

「警察か！」

「いえ、け、け、けい……」

「刑務所かあ！」

「えっ？」

「前科一犯か？」

「け、け……」

「け、け、刑事さんに捕まった！」

「け、けいば！」

「けいば……？」

「はい、競馬に行きました！」

「競馬に行くくらいなら、刑務所に行ってなさい！」

「えっ？」

「あそこはお金を損しません！」

「刑務所は損をしない？」

「しません。お金を使うとこがありません」

「なる程。それで君は時々入ってるんやね」

「はい。入ってどうする！」

「損をしません！」

「やめなさい！」

「やめたらお金になりません！」

「えっ？」

「漫才はやめたらお金にならんのよ！」

「うーん、今日はこれ迄！」


こんな世間話のような調子で話し出す。聞いているほうが戸惑って、
等と野次られたそうですが、テンポの速い話術があっと言う間に客を魅了してしまい、

「真面目にやれぇ！」

以後、漫才のスタイルは現代のものになっていったのです。

ですから、エンタツ・アチャコは現代漫才の生みの親といえましょう。

しかし残念なことに、このコンビはアチャコの中耳炎で昭和九年（一九三四年）に解消されてしまいます。恐らく中耳炎なんてのは耳の痛い話ですが、「両雄並び立たず」の喩えでしょうね。仲間割れでしょう。

と申しますのは、コンビ名で判断すると簡単です。「エンタツ」ときて「アチャコ」となっているように、エンタツが上に来ています。一歳年長もありましょうが、横山エンタ

ツのキャリアがアチャコより勝っていたのです。

前述した如く東京での経歴を持つ芸人として、東の喜劇界のキング、エノケン、ロッパ、金語楼の三巨頭とも知り合っていて、吉本入りの昭和五年（一九三〇年）には、三顧の礼で迎えられた筈です。そのエンタツがアチャコと組むや、またたく間に全国的に売れてしまったことで、更に優遇されていったでしょう。これは私の藪睨みですが、アチャコさんとは、ギャラが段違いだったのだと思います。

エンタツさんは同時期に吉本で顔を合わし、台本を頼む秋田實さんと良き出会いをしますが、ランクは断然格の違いがあります。ですから、最初、コンビの漫才はエンタツ作、主導でした。これに秋田さんが加わり、筆を付けて行きますが、この方向付けもエンタツさんの意見で進行したようです。

そうして、脚光を浴び始めると、少しずつコンビの仲にひびが入って来たのでしょう。それはアチャコさんの生え抜きとしての意地からくる不満でありました。

また、吉本にしても花菱アチャコは宝です。中耳炎を理由にコンビの仕事を休ませ続ける訳にも行かず、エンタツに相方を付けます。しかしアチャコとの呼吸を再現出来ずに、横山エンタツは「エンタツ一座」を作って巡業します。袂を分かった花菱アチャコも「アチャコ一座」を作りました。

そして迎えた終戦。

(21)昭和22年3月4日、花菱アチャコ。

古池社長と並ぶのは、これはアチャコです（写真21）。

エンタツさんの写真と同じ昭和二十二年（一九四七年）の三月、柳橋劇場出演の証明です。

時代劇の芝居で巡ったのでしょう。

何度も言いますが、日本中の都市は、軍需工場等の存在の為、米軍の空爆を受け、その絨毯爆撃によって焼け野原だったのです。そこに劇場を再建した行動力は、実に驚くべきものがあります。

エンタツもアチャコも、この時代の先端をゆく大人気者で大物です。ですが、古池さんの堂々たる姿は、この二人に寸分も臆するところが無いどころか、凌駕しているようです。

その古池慶輔社長を、吉本の親方はこう伝えています。

「あこ（彼所《あそこ》、博多）には、大親分がいてるさかい、あんじょう頼みまっせ！」

林正之助は吉本興業を日本有数の大芸能プロダクションに仕上げた傑物です。

吉本興業合名会社は、初代の吉本吉兵衛の妻せいが守る関西の芸能社でしたが、林正之助は弟として十八歳で入社、十九歳で総監督となった逸材でした。昭和二十三年（一九四八年）に株式会社に改編された時に初代社長に就任しました。

ですから、この写真は社長になる一年前のものです。昭和二十五年（一九五〇年）に姉の死に伴い、会長職も兼任しました。

実は吉本興業は、終戦時に演芸部門から撤退しているのです。この時、全所属芸人との専属契約を解除しています。恐らく興行出来る小屋や引きも無い非常事態に、給料を払い続ける愚を回避したのでしょう。

しかしこの時、たった一人給料を払い続けた例外の芸人が居たのです。それがなんとアチャコだったのです。林総支配人の生き残るべき智恵の凄さの他に、大阪人としての情の濃やかさを垣間見る気がします。

会社を守るべき冷徹さの中で、

「あんたは会社の宝や！　一生、会社が面倒見たる！　任せとき！」

と、アチャコさんが不満を常に抑えて来た感謝を、この時専属の存続という形で返した訳です。

この時代の出来物人間は、必ずこうした恩情を内蔵しているのですね。否、これは今の時代でも同じですかね。一見、冷酷そうな仕打ちに見えても、その実、温かい血が通っている人間が、各地、各社に何時の時代でも居るのですよ。

そうした人間というのは、私達のような芸能界を仕切る分野の長には、絶対存在して欲しい人物です。

片岡千恵蔵

片岡千恵蔵は「時代劇映画六大スター」の一人です。戦前から戦後の時代劇を牽引しました。昭和二十二年（一九四七年）六月の写真です（写真22）。

片岡千恵蔵に阪東妻三郎、大河内傳次郎《おおこうちでんじろう》、嵐寛寿郎《あらしかんじゅうろう》、市川右太衛門、長谷川一夫、そして月形龍之介《つきがた》を加えて「七剣聖」とされていました。

GHQから発せられた時代劇映画の製作の制約があり、片岡千恵蔵も昭和二十一年（一九四六年）から、多羅尾伴内《たらおばんない》シリーズ『七つの顔』など現代劇映画に出ています。

「映画が駄目なら舞台で行こう！」

千恵蔵を助けたのは、古くから築いている永田貞雄の興行力でした。

(22)昭和22年6月30日、片岡千恵蔵と御一行。

「荷」を受けた博多の古池社長とは、もうこの頃は当時の流行語で言えば、「ツーと言えばカー！」のツーカーでありました。これは「通過」から来ていて、通りが良いこと、通じ合いの良さ、仲の良さを表す俗語でありました。今では死語ですが、私は永田貞雄〜田岡一雄〜古池慶輔を考える時、「ツーカーの仲」だなと嬉しくなっています。

「千恵さんが困ってるんだがね！」

「あいよ！　一声掛けてみるかな！」

「頼んますわ！」

「よっしゃ！　芝居やね！」

東京〜神戸〜博多〜そして千恵蔵宅へ。千恵蔵さんは律儀な人でしたから、

「親分！　本当にありがとうございます！」

「ああ、頑張ってな！　博多も喜んどったさかい！」

「ありがとうございます！」

こうした人間的な交流は、東映が出来る前の話ですからね。東映の設立は昭和二十四年（一九四九年）の十月一日。千恵蔵さんの重役としての入社は、昭和二十六年（一九五一年）になります。

本当にこの頃の時代劇俳優は困っていたのです。昭和二十一年（一九四六年）に時代劇映画への統制が発令されたのですから、「チャンバラ映画」と親しまれていたものがストッ

プしたのです。七剣聖だけでなく、それに付随していた人々にも影響は及びました。

「義を見てせざるは！」

永田も古池も九州男児ですね。肝が太いのです。

昭和二十二年（一九四七年）、古池社長が博多に呼んで舞台を踏ませた人々を列記してみますね。

三月　花菱アチャコ　横山エンタツ
四月　宮城千賀子
五月　月形龍之介　あきれたぼういず
六月　片岡千恵蔵
八月　黒川弥太郎
九月　岸井明　美ち奴・中野弘子
十一月　山田五十鈴（写真23ａ）
十二月　上原謙

この陣営は凄いですよ。

終戦から、あっと言う間の二年間でありましたでしょう。その中で国民は「必死」の二

(23a)昭和22年11月14日、山田五十鈴。

(23b)昭和22年4月30日、宮城千賀子。

文字で生きていたのです。それは日本全国一緒だったでしょう。何もかもが我慢ガマンの終戦直後にあって、ここ博多の劇場には映画を観る料金でスクリーンやラジオの人気者、スターが登場していたのです。

それがどれほど皆さんの慰めになり、どれだけ悦びを与えたか察することが出来ますよね。これは本当に夢みたいなことですからね。役者がやって来て芝居の演じられる舞台を持つ映画館が、東京や大阪ならいざ知らず、全国でどれだけありましたかね。

時代と招かれたスターからその貴重な存在ぶりが推し量れます。

昭和十五年（一九四〇年）の『宮本武蔵』三部作は稲垣浩監督の大作でした。

片岡千恵蔵の武蔵に、お通役に苦慮した監督が、宝塚歌劇団に居た男役の新人「東風うらゝ」を引き抜いて、これに当てた。「東風うらゝ」、つまり宮城千賀子を無理矢理退団させているのです(写真23b)。

宮城千賀子は映画界のマキノ王国の主、牧野省三の三男と結婚。それが昭和十六年(一九四一年)でした。写真の昭和二十二年(一九四七年)の時は、夫と共に「劇団なでしこ」の設立で活動の基盤にしようと前年動き出したばかりです。何とか応援してやりたいと、片岡千恵蔵御大の心配りで博多行きは実現したのでしょう。

横の繋がりですよね。ありがたいもんじゃないですか!

日本一の興行師・永田貞雄という人の優しさは、商売ということを別物にして、人間関係第一主義だった気がします。

それは田岡一雄の琴線に触れ、金銭第一主義の商道徳から離れ、志を一つとする者との輪を作り出していったと、私は思います。

その輪の片方に永田貞雄が手を握っていて、もう片方は古池慶輔が握っていたと確信しています。田岡一雄が中心に居るみたいですが、そうではありません。

「三位一体」とはキリスト教の哲学です。

父と子と聖霊は一つなのですよ、と教えていますね。父はヤハウェ。唯一神です。子はキリストです。そして、その御霊は全て一つなのですよ、との教えです。

永田〜田岡〜古池の小さな輪が広がりを見せていくことになるのが、この昭和二十一年（一九四六年）からです。いつの間にか、三人で作った輪は信じられない程大きくなっていくのです。

あきれたぼういず

このグループの面白さは、かろうじて私など切れ切れながら知っています。ボーイズ物を受け継いだ「灘康次とモダンカンカン」の皆さんや、「小島宏之とダイナブラザーズ」「鹿島密夫とダイナ・ショウ」「玉川カルテット」などのボーイズ物の元祖的な存在だ。

ありがたいことに、こうした研究の第一人者・佐藤利明さんが、川田義雄の「楽しき南洋」の復刻盤を手掛け、恐ろしい程の解説をしているので、手に入れるのも一興でしょう。

昭和十年（一九三五年）十一月、東京吉本興業が浅草ロックに「浅草花月劇場」をオープン。このグループは、レヴュー「吉本ショウ」から川田義雄をリーダーに結成されていったものです。昭和十二年（一九三七年）、何か面白いものをやりたいというこの一念で、メンバーに坊屋三郎、弟の芝利英、益田喜頓《きいとん》が揃いました。

ところが昭和十四年（一九三九年）、新興キネマ演芸部が、吉本の芸人を大量に引き抜く事態が起きました。「あきれたぼういず」も、川田だけを残して皆、移っていきました。

余程、条件が良かったのか、吉本が渋すぎたのか。川田義雄だけが独り残り、弟の岡村龍雄と共に「川田義雄とミルク・ブラザース」を結成。私などが子供ながらラジオで楽しんだ、「〽地球の上に朝が来る　その裏側は夜だろう〜」その名調子で一世を風靡したのです。

一方、新興キネマに移った坊屋、芝、益田の三人は、ロッパ一座のハリキリボーイで活躍していた山茶花究《さざんかきゅう》を加え、「あきれたぼういず」第二次グループの誕生です。

本来なら「あきれたぼういず」の名は使わせない等と問題になるところですが、この辺が川田義雄さんの、凄いところです。平気の平左なんですね。さっさと自分のチームを「ミルク・ブラザース」と名乗ってしまうんです。

吉本に残っている義理堅さ、そして、その後の大ヒット。これを皆さんも心に留めて川田義雄さんを思って下さいね。


さて。

戦争になりまして、ジャズやら何やらは統制を受けます。政治風刺など以ての外となり、「あきれたぼういず」は「新興快速舞隊」と改名して頑張りましたが、昭和十八年（一九四三年）に解散します。

(24)昭和22年5月14日、あきれたぼういず。

そして、昭和二十二年(一九四七年)に浅草松竹座でカムバック。まさにこの時、博多の古池社長の劇場に来ているのです。

写真を見て頂きたい。坊屋三郎、益田喜頓、山茶花究の「あきれたぼういず」です(写真24)。

これだけで川田義雄さんの懐の深さが判ります。

「永田さん、また結成したそうで、なんとか興行に出してやって頂けませんか!」

「判った! ところで、その後、体はどうかな?」

「はい。お陰様でだいぶ良くなりました」

永田はつきあいのある京都の興行師からの頼みで、川田義雄の治療の手助けをしていた。

吉野功は、京都の古い興行師だった。

その先輩から相談に乗ってくれないかと、永田に連絡が来たのが昭和二十一年（一九四六年）だった。

うまい具合に、高峰三枝子を博多の「柳橋南映」の再開コケラ落としに出さねばならなかった。それが七月だったから、先行して京都に行くことにした。

川田義雄を救う話は数種類ある。全ての話に博多の古池慶輔のコの字も出て来ないが、ここは私の推察力のほうが正しい気がする。

脊椎カリエスとの闘いに悪戦苦闘していたのは、戦争末期の日本の国状そのものなのだ。柳家三亀松《みきまつ》が京都の古い興行師に、旧友・川田義雄の窮状を訴えたのも、それを助けられる人間として永田貞雄を考えついたから。永田は神戸の実力者を男の中の男として思い浮かべ、相談を受けた田岡一雄は、即座に博多に一報を入れ、

「合点！　承知の介！」

古池は、キャバレー王の山本平八郎の処へ飛んで行く。

「七月開場には高峰三枝子が来るとですよ！　山本さんとこで、歌わせましょう！　どげんでしょう！」

「判った！　ペニシリンは必ず直ぐ手に入れましょう！　高峰三枝子が出てくれるなら、出演料も弾みましょうわい！」

全ては人間の連環以外の何ものでもない。川田を思いやる柳家三亀松、話を聞いて直ぐ

行動した吉野功、それを手助けした永田、ペニシリンに手を打った田岡一雄、ペニシリン入手の手立てを知る古池、よーし！と手に入れてしまう山本平八郎。

どなたが欠けても川田義雄の復活は無かったのだ。

私は心から思う。誰かの為に行動出来る人の、なんと素晴らしいことか！　下種《げす》な言葉で申し訳ないが、ゼニカネ考えずに人の為に動いてやれる人の、どんなに素晴らしいことか！

私は、永田貞雄〜田岡一雄〜古池慶輔の輪に、知れば知るほど思い知らされ頭が下がるのです。

「あきれたぼういず」の博多公演は、こうした事情の上にもたらされていることを、写真の古池以外の三人はご存じでしたでしょうかね。

阿部定

アベ・サダさんと言っても、現代人にはピンと来ないでしょうね。この写真は、昭和二十三年（一九四八年）の一月十二日のものです（写真25）。

博多の街も焼け野原でした。しかし、行動力と説得力に富んでいた古池社長は、その跡地に竹の屋根の劇場を建てたのです。その話はしましたよね。

その映画館は押すな押すなの満員状態で、儲けが出ましたから、直ぐに建て替えで、更に一年に二館ペースで映画館が増えている最中です。

勿論、博多そのものが復興の道程についたばかりですから、とても今の街並みからは想像がつかないほど荒れ果てていたのです。

しかし、人々の知らないところで、着々と国は動いていたのです。この写真は終戦三年目の松の内のものです。

「博多に、阿部定来る！」となればどんな評判を呼んだのでしょうか？

(25)昭和23年1月12日、阿部定。

この頃、東京ではＧＨＱ（連合国軍総司令部）最高司令官のマッカーサー元帥が、民主主義の普及と伝播の一つの洗脳手段として「映画」を観せよ、と決めておりました。これは米国政府の指針として命令されていたものであったことが、時代が過ぎて判明しています。

ですから、まだまだ金融機関

が貸し出しに慎重だった時に、映画館の建設には無理ない融通が進んでいたのが事実です。

こうした世の中の流れに、この男の運が見事に乗っていったのが本当のところです。そうした嗅覚に長けているのも、古池社長の特質でしょう。

博多にも米軍の統治はありました。そうした主要点にも、この人はハーケンを打ち込んでいたのが判ります。何しろ、この阿部定さんを劇場に迎える頃には、古池さんの家庭にはコーラが置かれていたそうです。

私がコカ・コーラを飲んだのは高校生の頃、千駄ヶ谷の国立競技場でアメリカのフットボールチームの「ライスボウル」の試合を見た時でした。それは昭和三十年（一九五五年）頃でしたね。コーラや外国煙草は、外国人が四十パーセント以上集まるような場でないと売られていなかった時代です。

このアメリカン・フットボールは日本人に観せるものではなく、駐留軍の家族に供するイベントでしたから、競技場は外国人で溢れていました。私はたまたま遊び仲間からもらった入場券で出掛けました。そして競技場内に溢れていたアメリカン・ムードに圧倒されました。

私などはアメリカ映画のファンで、アメリカ文化に傾倒していましたから、そこで生まれて初めて飲んだコカ・コーラは忘れられません。そんな飲み物を自宅で飲んでいたのが、博多の古池家なのです。それも昭和二十三年（一九四八年）にですよ！

さてさて、阿部定さんについて知っておきましょう。

「阿部定事件」は、日本の女性犯罪史上、稀に見る猟奇事件として語り継がれていたものです。私も子供ながら、いつとは無く認識していました。とにかく愛した男を絞殺し、その後、その愛人の局部を付け根から切断し、それを我が身に肌身離さず付けながら逃亡していたのです。

正確には、絞殺ではなく扼《やく》殺です。絞殺は単に「首を絞めて殺すこと」ですから、紐を使うなどする行為です。扼殺となると、「手で首を絞めて殺す」ことです。

これって、この事件では大変重要だったと私は思います。事件を調べますと、定さんが世話になっていた愛人の男性には、少し変わった性的嗜好がありました。

「絞めてくれ！　もっときつく絞めてくれ！」

と性交中に哀願していたのです。気絶するくらいの中で絶頂に達するプレーが、常に行われていたのです。そうした中で行き過ぎて、迎えた結果が死だったのでしょう。

「愛していたから、私の物にしておきたかった！」

そう取り調べに答えています。

これって、置きかえれば、現代ではヤク中毒者のセックスと同じでしょうね。通常のセックスにあき足らず、薬物の力を借りて突き進む。依存力が強く、抜けられずに薬物依存症に為ってしまう。薬物なしのオルガスムスはありえなくなるのです。

阿部定事件は、この性的興奮の手段を、薬物など使用しない、実に原始的な方法で実行していた上での間違いであったと、ある種の同情を得たのだと思います。

判決は懲役六年でした。昭和十一年（一九三六年）の事件ですから、明治三十八年（一九〇五年）生まれの定さんは、三十一歳の時です。衝撃的な大事件でしたから、その三年後に生まれた私などでも、育っていく過程で知っていった訳です。

この後、昭和十六年（一九四一年）、「皇紀紀元二六〇〇年」の恩赦を受けて出所すると、ここから阿部定フィーバーが起こり、その名は全国に知れ渡ってしまうのでした。お蔭で全国各地へ見世物的扱いやら芝居やらで飛び回っていたようです。

さて、この古池社長との写真は、大変興味深いものがあります。

何故かと言えば、昭和二十三年（一九四八年）の年明けです。戦後まだ三年に満たない時ですよ。あらゆる庶民は、食うや食わずの中で生き延びていたのが現実です。

写真の定さんの風情を良く見て下さい。きちんとした和服姿に身を装う、凛とした立ち居は、立派としか言いようがありません。

この時、阿部定、四十三歳。

古池社長、四十歳。

写真の頃は、戦後一大ブームとなっていたカストリ本の氾濫の中で、彼女の扱いも多かったのです。その中の一つ、昭和二十二年（一九四七年）に出された『昭和好色一代女　お定色ざんげ』を巡って、著者と出版社を名誉毀損で告訴したことも話題を呼んでおりました。

あなたは大島渚の『愛のコリーダ』を観ていますか？　渡辺淳一の『失楽園』は読んでおりますか？　これも映画になっていますね。これ等も阿部定事件をモチーフにした作品なのです。

こうした女性を、どのように舞台に立たせて客を呼んだのでしょうね。

「立派に講釈していたよ！」

古老は語ってくれました。

「立派に更生している姿を、みんなに見せてやりたかったとよ！」

古池社長はそう語っていたと、その方は話してくれました。

社長の奥さんは気が気じゃなかったらしく、「手なんか出しなさんなと、祈っとったらしい！」。事件が事件だけに心配だったことでしょう。古池さんの股間は、この後しばらくは友人達に注視されていたそうです。

「お定に、持ってかれたじゃなかろうか？」とね。

これで判るように、女性に目の無い古池さんの行状は、妻の残した三十枚の便箋に書かれた、昭和四十二年（一九六七年）の「反省文」に細かく載っています。一歳年長の姉さん女房ですが、還暦を越えて書かれた記述には、驚愕するばかりか涙すら流れるのでした。

まさに、その惨憺たる流転の人生の根本は、貧乏なるが故の苦難です。

私達の現在を考えると、この繁栄は、少し前に戻れば嘘のような世界です。

阿部定さんも古池夫人も、少しも変わらない環境の中で苦節の時を過ごしています。

それは私に当てはめてみても、恐らく父も母も、二人に類似した辛苦の中で生活を築いて来たと思えるのでした。

みんながみんな必死に生きたからこそ、今の日本があるのでしょう。

写真でお判りのように、阿部定さんは実に日本的な美しさに恵まれた女性です。

そこが落とし穴でしたね。直ぐに男の助け舟から声が掛かるのです。

それは実に安直な生きる道です。言い寄る男が絶えなかったから、直ぐに身を預ければ生きていけたのです。その安易さが彼女の運命を翻弄させてしまったのでしょう。

無いから、得る為に悪戦苦闘する古池夫人と、得る手段を安手にしたお定さんの人生の違いが、ここにあります。

「真っ当」と言われる道は、しんどいものなのです。楽な道には、やはり落とし穴があるのでしょう。
阿部定さんと古池マサヨさんを調べながら、そんなことを考えさせられました。

月形龍之介と片岡千恵蔵

月形龍之介は黒澤明監督の出世作『姿三四郎』での檜垣源之助役で、強烈な印象を与えました。セリフ回しに少々のアクセントの違和感を覚えたものですが、宮城県生まれの東北訛りだと知ったのは大人になってからです（写真26）。

(26) 昭和22年5月28日、月形龍之介。

古池さんも、やはり「七剣聖」の月形さんに、多大の敬意を払っていたという。しかし、戦後のやりくりで困窮は当然の時代、それに手を差しのべてくれた恩人として、月形さんのほうが古池社長をリスペクトしていたのが本当のところです。千恵蔵さんとて同じです。

月形龍之介、四十五歳の時の写真を見てみましょう。

片岡千恵蔵さんは、月形さんより一歳下、四十四歳でした。戦前から自分のプロダクションを持ち、自分の会社で映画を創る人でした。後々、戦後の三船敏郎、石原裕次郎、勝新太郎、萬屋錦之助といったスタープロの先駆けといって良いですね。

二人は仲が良かったから、

「月さん！　今度博多へ芝居打ちに行くが、あんたも一座で行ってみる？」

「千恵さん、頼むよ！」

「OK！　頼んでみましょ！」

千恵蔵は安請け合いをしたのではなかった。頼む先は決まっていたからだ。

そんじょそこらの交際《つきあい》ではない。長い間に人柄と人柄が握手している同志がいたのだ。

GHQの統制が出た昭和二十一年（一九四六年）時に、もう連絡が入っていたのだ。

「千恵さん、チャンバラが撮れなくなるよ」

そう伝えたのは永田貞雄なのだ。一歳下の永田は、千恵蔵に兄のように尽くした。こんなGHQの情報は、それなりの人間関係を築いていなくては無理だ。戦後間もなくでは、占領軍の人間と一般人は、深い絆など築ける訳はない。

人間社会には裏があるのだ。表の構築には然るべき時間が必要とされようが、これが裏となると話は別なのだ。

「あのね……」

と言い淀む事柄は、大抵が表の世界の公序良俗に反することが多い。

これは米軍側の人間でも日本人の高官でも変わりない。「蛇の道は蛇」だから、蛇と見込んで頼んでくるのだ。相手は知っている。

この蛇は裏切ったり敵対したりしない。信頼出来る奴だと。

信頼は依頼を生み、依頼は信頼の上に成り立っているのだ。

色だ恋だの欲望など別に怯むことではないだろうが、身分が高ければ高いほど、公には出来かねる。それにアメリカ人は、日本女性の黒髪に異常なほど引かれていたのです。仕事柄アメリカ軍人と交流していて、永田には判ってしまった。

そりゃそうだ。こっちは金髪がいいなぁって思うんだからなぁと、理解していた。

横道に外れたが、「情報」の先取りは、不断の努力無くして出来はしない。この「不断の努力」とは「普段の努力」とも言えようか。

永田貞雄の偉いのは、こうした日常の中で手に入れた会話の一端から、秘なる情報を嗅ぎ取る能力だ。更にその情報から、自分でも友でも後々の手立てを取ってしまう行動力だろう。それを人に役立てて惜しまない人種なのだ。

千恵蔵さんに対しても、「だから旅公演で稼いだらいいよ」と答えを出しています。

千恵蔵さんはこの時代、日本一人気のある時代劇スターでしたから、もてました。愛人の一人は東京柳橋にて料亭「竹仙」をやっていました。そこへは政財界の大物が集うのですが、永田さんも常連でした。

そうした仲を片岡千恵蔵との間にきちんと築いておりましたから、月形龍之介に仕事を回さない筈がありません。それに応える三人衆の立派の一言ですよね。

柳家三亀松

写真を見て頂きたい。昭和二十四年（一九四九年）、三味線漫談の柳家三亀松と古池社長です（写真27ａ）。

三亀松は戦前の東京吉本のエースでした。古池社長の七歳上で、義侠心の強い人でした。同格に柳家金語楼、横山エンタツ、花菱アチャコ、川田義雄がいて、これが東京吉本ならぬ吉本五大スターと称されていました。

三亀松は深川の材木職人の息子で、根っからの芸人道の辛酸を舐めていましたが、江戸っ子魂の強い人で、川田義雄の苦難を見て見ぬふりが出来なかったのです。これも人柄ですね。

結果として、永田～田岡～古池のラインに強い運をもたらすことになる訳です。

（27a）昭和24年10月28日、柳家三亀松。

（27b）昭和24年10月21日、川田義雄。

二枚の写真を見れば、お判り頂けましょう。川田義雄はダイナブラザーズを率いてやって来ています。昭和二十四年（一九四九年）の十月二十一日の写真です（写真27ｂ）。

ペニシリンのお蔭で体を治した川田義雄が、神戸の田岡一雄の元に御礼に参上しました。この話を幾度も繰り返すのは、田岡一雄という人が本当に芸能の世界と興行の醍醐味を知る、大切なファクターだからです。

「芸人は、恩を体で返すしかありません。私を使って、四万円を稼いで返させて下さい！」

昭和二十三年（一九四八年）、川田義雄は四十一歳です。二年掛からず体を治して、実力のある川田はあっと言う間にN

ＨＫラジオから全国へ、その名を売ってしまっていました。

〽地球の上に朝がくる
　その裏側は夜だろう

　何たる名文句だろうか。陰陽の世界だ。物の摂理なのだ。

「百パーセントなんてものは無い。あるのは五十と五十が合わさっての百やからね！」

そう私に諭し、五十歳の私に、「五十で満足出来る人間になれ！」と一喝して教えてくれた比叡の鬼・叡《え》南《なみ》覚照《かくしょう》大《だい》阿闍梨《あじゃり》の声が、今もこの胸にある。

　これなのだ。

　朝が来る処があるなら、夜を迎える処がある。五十と五十、どっちもどっち、上と下、右と左、人それぞれ……。

　あの歌によって、子供の頃にそれを教えられていたのだ。


　四万円の大金は、終戦直後の田岡には手の出せない金額でした。それを「あんたの出世払いと言うのなら、貸そう！」と言って与えてくれたのは、神戸新開地劇場の社長だった。若い時からの縁なのだ。今の川田なら仕事さえ回せば直ぐ返せる。その新開地劇場を皮切りに、九州へ渡ったのだった。

昭和二十四年（一九四九年）十月の写真の川田義雄を良く見てみると、後ろにステージを彩った看板が吊されている。

「川田義雄改メ晴久」と為っていたのだろう。この年の公演から川田晴久と名乗ったという証拠だろう。

何を隠そう、彼は東京吉本を辞めて、田岡一雄の経営する「神戸芸能」所属となったのだ。

「田岡一雄さんの元で、義雄は恐れ多い。私は名を改めましょう！」

川田義雄で通った芸名を、ポンと捨てる勇気。これも侠気というべきか。

永田貞雄の〝失敗作〟

天下を取っていた興行の王者・永田貞雄にも、汚辱にまみれた失敗があった。

私は子供心に首を傾げた話題の主がいた。

「西部の王者、ケニー・ダンカン来る！」と話題になっていた時、私は手持ちの『映画の友』や『スクリーン』の映画誌を隅から隅まで読みながら、「ケニー・ダンカン」の名を探した。

又、手持ちの西部劇映画のパンフを見直して、キャストの中から発見しようとしたが無かった。

日劇に観に行った。トニー谷が出ていたのを覚えている。だが、小学生の私から見ても、ケニー・ダンカンは早打ち拳銃の使い手とは思えなかった。

上手に、カーボーイ姿のケニー・ダンカン。

下手に、風船を持った女の子。

打つ、風船が破裂する。

子供でも疑問に思うほど、タイミングのずれる破れ方だった。二階席で二度観たが、投げ縄なんか、クルクルと輪を作るだけで、少しも投げない。

インチキだと思った。小学六年生の僕が呆れた。興行主が頭を抱えていたなんて、知る由もなかった。「ロイ・ロジャースでも呼んだらいいのに！」と、僕でも思った。


これが、永田貞雄が遠い国から呼んだ「失敗例」だとは、私は後年知った。

「どうにもなんないよ！」

そんな弱音など聞いたことが無かったから、古池も驚いた。

「大阪は飛ばして、そっち回してくれるかな？　どうやろ？」

直ぐに田岡の連絡を受けた。

(28b) ケニー・ダンカンと左端がターキー、その隣が的持ち女性。

(28a) 昭和26年9月24日、ケニー・ダンカン。

「面白か！　九州中回らそう！」

　この辺が古池慶輔の大きさだった。ケニー・ダンカンと握手していても、図体だけでも負けてはいない（写真28a、28b）。

「拳銃早打ち王、アメリカより上陸！」

「東京公演大成功！　次に到着は博多！」

　さっさと看板は出来上がった。その西部男の絵が、ウィリアム・エリオットだったり、ロイ・ロジャースだったりしていた。日本人の知る西部劇スターなのだ。

　ケニー・ダンカンなんてどうでも良かった。お客が楽しめばそれで良かった。

　その為に古池社長の偉いのは、出演

者を気分よく舞台に乗せてやる心遣いだった。

案の定、舞台はタイミングが合わなかったりピストルの痂癪玉が不発だったりしたが、場内の客は笑いと拍手の波に包まれていた。

心配で同行していた永田は、古池の裏工作に舌を巻いていた。

照明や音響の為に、舞台稽古をした。

この公演は、ケニー・ダンカンだけでは役不足の為、ターキーを出演させていた。日劇でのトニー谷は売れに売れていたから、旅巡業のギャラの高さで外されていた。司会はターキーが受け持っていた。

旅公演に連れて来ていた的持ちの女性を、古池が呼んだ。

「これ、お客に御土産買って行きなさい!」

手渡された百円札の束に、ダンシングチームの彼女は目を剝いた。

「君に一つ、頼みがあるんだよ。衣装をこれに変えてくれないかな?」

手渡されて見たのは、非常に露出度の高いものだった。

「一寸、それに着替えてみてくれない?」

古池慶輔の劇場には常設して映画と実演の二館があった。その一つは「柳橋劇場」で、ここで博多淡海《たんかい》は世に出て行った。そしてレヴューチームの「ＫＫショウ」歌劇団がいた。大衆演劇の梅林良も、ここを本拠地としていた。脚本を書いて演出をしていたのが山本紫朗だった。

衣裳係もいて、直ぐに変身させた。

「よーし！　この美人と色気にみんな目がいって、ケニー・ダンカンより、君のショウだ！ついでに、もう一つお願いがある！」

「はい！」

と言った時、踊り娘はもう、少しスターになった気持ちでいた。

さて、本番となった。ターキーの司会でケニー・ダンカンの呼び込みがあった。登場するも、拍手は少なかった。

ここでも古池の助言は大きかった。

「では命がけの標的娘の登場でーす！」

的を持って出て来たコマネチ姿の彼女を見て、観客は一瞬息を呑んだ。生々しいお色気がいっぱいで、生唾を飲み込むや、口笛と嬌声に変わった。

「ターキー！　彼女を後《あと》から呼び込め！」

ターキーには古池の胸の内が読めていた。後から出るのが大物だと、ターキーは内幕の実情を知っている。所詮この西部男は擬《まが》い物だと、古池社長が知っているのが嬉しかったのだ。

ケニーが打つ。的に当たる。

書き割りの上に出した的に、紙の的を裏に隠れた人間が槍で突くのだ。

普通なら打った方向から、弾の抜けたほうへ紙の破れがあるが、裏から突いているから、逆になる。それを的ガールがクルリと回して見せるのだ。

その次、打った時、彼女は痛そうに屈んでみせ、起ち上がって、自分の股間の膨らみをポンポンと叩いてみせたのだ。

そして「ここよ!」というように可愛く的を指差してみせたのだ。

すかさずターキーが言った。

「男が狙うのは、いつもソコね!」

満場が爆笑で溢れた。

ターキーの突っ込みが入った。

「タマだから仕方ないか!」

ヤンヤのうちに終わった。

永田も田岡も古池も、この興行でダメージを受けなかった。筵《むしろ》囲いの見世物公演でも、笑いと拍手に包まれての九州巡業であった。古池慶輔の腕だった。

巡演から帰って、再び博多で舞台に立ち、入り口の看板を見たケニー・ダンカンが驚いた。

「ミー?・」

「イエース！」

答えた社長。

「ケニー・ダンカン！　笑いの速射砲！」

絵はボブ・ホープに変わっていた。

鶴田浩二

昭和二十六年（一九五一年）、第一回『紅白歌合戦』がお正月の三日に放送されました。菅原都々子（写真29a）、暁テル子、菊池章子、赤坂小梅、松島詩子、二葉あき子、渡辺はま子（写真29b）、鶴田六郎、林伊佐緒、近江俊郎、鈴木正夫、楠木繫夫、東海林太郎（写真29b）、藤山一郎。

一月五日、空襲で被災していた東京歌舞伎座が再建され、初日を迎えました。マッカーサー元帥もお祝いのメッセージを寄せ、歌舞伎の復興に喝采を送りました。封建的武士道を鼓吹するからと出し物を禁じた、その人でしたが。

四月一日、東京・銀座に日本初の「トルコ風呂」が開業。入浴料は大衆浴場が百円。個室は六百円だった。一般銭湯は十二円の時。さて。

(29a) 昭和28年5月24日、「月がとっても青いから〜」の菅原都々子。

(29b) 渡辺はま子と東海林太郎。二人ともちょくちょく博多に来ていた。

昭和二十六年（一九五一年）に鶴田浩二が博多に来ているのにはワケがある。この時の鶴田浩二は、日本一の人気スターといって良い程、破竹の勢いの身分です（写真30）。

どのぐらい凄いかというと、映画一本の出演料が四十五日拘束で百八十万円でした。映画料金が八十円の時代にです。公務員の初任給が七千六百五十円でした。都知事の給料が十一万円です。

鶴田浩二は、大正十三年（一九二四年）の生まれです。極貧の生活は仕方なかった時代としても、家庭的な愛情が不足して育ちました。高田浩吉の弟子として松竹に入れられ、師の名から田と浩を頂いて芸名としました。

昭和二十三年（一九四八年）に大部屋俳優でスタートするも、あっと言う間に目に付きました。昭和二十四年（一九四九年）に『フランチェスカの鐘』で初主役。佐田啓二、高橋貞二、鶴田浩二で、「松竹新三羽烏」と謳われました。

一九五〇年代に入っても、雑誌『平凡』の人気投票では二位池辺良、三位長谷川一夫を大きく引き離してダントツ一位。人気バロメーターたるマルベル堂のブロマイドの売り上げも、第一位でした。

この頃には美空ひばりとの共演から、鶴田浩二は田岡一雄とも当然知り合っていました。と言うよりも、師の高田浩吉が田岡さんを紹介していたと思うのです。戦前から何かと身近に交友していて、田岡家に出入りしていましたから、田岡人脈のように好くしてもらっていたのです（写真31）。

(30)昭和26年1月、鶴田浩二。

その中の一人が、水の江瀧子です。そして、その彼氏の兼松廉吉は、松竹の宣伝部に居ましたから、私の推測では、

「浩吉さん！　そろそろ小野君を一本立ちさせたりぃな！」

(31)昭和33年5月27日、高田浩吉。劇場楽屋にて。

鶴田浩二の本名は、小野榮一。父と母が結婚を許されなかったので私生児として母方を名乗っていますが、父の姓は大鳥でした。

鶴田浩二が結婚外でつくった子は、大鳥を名乗らせています。大鳥範男さんです。血は争えないもので、父親そっくりのマスクと美声の持ち主です。私は長いこと仲良くしていますが、この人の奥様は、天下を取った深夜番組『11PM《イレブンピーエム》』で藤本義一さんと名コンビを組んでいた祇園の名妓・安藤孝子さんです。

さてさて。

「一応、ターキーのとこに預けたらどうや!」

田岡さんがターキーのマネージャーに鶴

田浩二のことを話つけてやったと私は思います。

そうして、自分が裏で路線を敷いてやって、松竹で映画に出ている美空ひばりの周囲には、川田晴久、清川虹子、伴淳三郎など、気心の知れた者を配していましたから、鶴田浩二もそのレールを走りました。

日本映画の戦後最初の海外ロケ映画『ハワイの夜』が昭和二十八年（一九五三年）に大ヒットし、日本一の人気と共に、最高額出演者になります。

そうした作品と共に、マネージャーの兼松廉吉と終戦後最初のスターの作った独立プロ「新生プロ」をスタートさせます。同時に映画一本、たった一日の出演で三百万円というギャラを取得、世間をあっと言わせました。

これは昭和二十八年（一九五三年）の夏のことですが、この年のお正月にアクシデントが起きています。

兼松マネージャーが、鶴田浩二の余りの上昇に舞い上がってしまい、自分自身の力でそうなったと思い違いをしてしまったのです。そう私は思います。

裏でどれほど関係者が力を注いで鶴田浩二の道を構築していたのか、知らない筈はありません。そうした支えの人々は、元を辿れば一つの処に行きつくのです。

「鶴田を頼むわなぁ！　よろしく頼みますわ！」と、ポイントポイントへ布石を打っていたのは田岡一雄に他なりません。

芸能界という処は、一歩間違えば身を滅ぼします。蛇もいれば鬼もわんさかいるのです。「長谷川一夫襲撃事件」で判る通りです。正式には、「林長二郎」事件です。「蛇の道には蛇」が有効な手立てです。鬼の説得には鬼をもって為します。そうした策は、真面目な人間ほど疎いのが常識です。裏にも表にも精通し、そして理を弁えた人でないと道造りも露払いも出来ません。その道は道のように見えますが、只の道ではないのです。

物の判る人なら、その道を「筋」と言います。この場合、物事の条理・道理を言います。道は、その筋の上に出来ているのです。

松竹の一社員だった兼松は、水の江瀧子に惚れられて、松竹を辞めて専属マネージャーになりました。その恋人ターキーの縁をもって、永田貞雄・田岡一雄・古池慶輔のラインに入って来た人です。

高田浩吉の縁で、

「不敵不敵《ふてぶて》しい奴っちゃなぁ！」

と鶴田を目に留めた田岡一雄に、

「お父さん！　不敵不敵しいんと違いますわ！　ああいうんの、ニヒルって言いますんのや！」

「ほう？　そんなん、お前、よう知っとんな！」

田岡は妻に感心した。

「今、流行ってます！　覚えとって！」

田岡文子さんが大声で笑った。

「ニヒル？」

そのニヒルな弟子を、なんとか八方に道を付け伸ばしてやったのだ。

「古池はん、聞いとるやろ。永田社長から！」

「はいはい、三代目。良い売り出ししてますね、鶴田浩二は！」

「行かせるわな！　頼みましたよ！」

「ハイＯＫです！」

今売り出しの鶴田なら、博多の人も大喜びするだろうと、古池は二つ返事で受けながら、日付を決めずに、もう看板描きに発注していた。

「鶴田浩二来る！　あの鶴田浩二が！

近日突如　当館へ！

見逃すなかれ　諸君よ！」

鶴田浩二の写真には自筆のサインが入っています。古池社長の喜びと、鶴田浩二の二枚目ぶりが際立っています。

何故、こうした深い絆がありながら、二年も経たないうちに、鶴田浩二は山口組の山本健一、益田芳夫、尾崎昭治、梶原清晴という若い衆に襲撃を受けたのでしょう。

昭和二十八年(一九五三年)一月六日。

大阪大劇公演は鶴田浩二を中心に水の江瀧子、高峰三枝子が出演の正月元日から六日迄の特別公演だった。

打ち上げて宿泊先で「おつかれ会」の最中に四人が乱入した。場馴れた者ばかりだ。筋を見誤り思い上がり昂った新生プロ社長・兼松廉吉への、それは見せしめの行動だった。

社長に目が無かったと私は思う。マネージャーとしての資質の点だ。

芸能界では、「勝てば官軍」は無い。

勝てば勝つほど、「頭を垂れる稲穂かな」でなくてはならないのだ。

「ニヒルって言うんやわ!」

という指摘は、的を射ていて凄い。

鶴田浩二は幼少の時代に悟ったらしい、自己中心の考えは終生変わらなかった。

独断と偏見に満ちた人でした。私が何度も接して感じ取った結論です。

それが誰であれ、裏で自分が導かれているなどと考えたくはない人なのだ。

「どうせ自分しか自分の道は築けないさ。自分の力でしか上にゃ行けないのさ」

そう考えていたろう。

若い日、田岡一雄に会っても、へつらいやペコペコなど絶対しない男だった。一見、優男でも、相手から見れば不敵不敵しいと思われるほど無愛想だったのだ。

田岡一雄は、逆にそこを愛したのだが。

「鶴さん、興行どうやろな?」

と投げ掛けた親分の言葉に、

「いやぁ、忙しくって、それどころじゃありませんや!」

と返して鮸謬《にべ》もなく姿を消す兼松社長に、若い衆は憤慨した。

田岡一雄という人の偉さは、こうした時の己の憤懣《ふんまん》を面にも口にも出さない強さだ。見せたり聞かしたりすれば若い者が動かねばならぬことを、身をもって知る男でした。

ところが、流石の幹部ともなれば、慮る気持ちに長けているのです。今、親方がどう思っているか、何をしたいか、どうしようとしているか、何を求めているか、常は目と神経を親分に集中しているのです。そう、忖度《そんたく》ですね。

その注視している基本は、「滅私奉公」です。己を捨てて尽くす時代が修行です。芸の道も、それと同じです。はじめは己を捨てられねば……。

「親分に臍《ほぞ》を噛ませやがって!」

と考える者が、兼松廉吉の筋を弁えぬ所作を見逃さなかったのです。

ですから打ち上げの食事会の席へ、何故、彼等が飛び込んで来たかを瞬時に察知して、自分達の落ち度だろうと考え及ばなかったのは、社長の資質です。

断じるなら、人間的な問題です。芸能界だけのしきたりに欠けていたのではありません。ぐんと良くなった金回りに、さっと外車を乗り回し、姿勢を高くして顰蹙《ひんしゅく》を買うなどというのは、元々大した人間ではなかったのです。

従って鶴田浩二事件を生み、賭け麻雀などで次々と借財をつくり、昭和三十年（一九五五年）には青酸カリ自殺をしてしまいました。

この鶴田浩二の写真は、皆さんの知らされていない、鶴田浩二と田岡ラインが鮮明に写し出されている証しなのですよ。

江利チエミ

江利チエミ、昭和二十七年（一九五二年）九月の写真です。勿論、美空ひばりの口利きで、田岡～永田～古池ラインに乗っています。昭和十二年（一九三七年）生まれですから、この時チエミさんは十五歳でした（写真32ａ）。

この二年後に博多に来た時の写真では、十七歳の江利チエミと、同年代の地元っ子との風情の違いを実感させられます。醸し出す雰囲気がどうしても異なります（写真32ｂ）。

(32a)昭和27年9月6日、江利チエミのステージ衣装と普段着姿。

(32b)昭和29年、江利チエミ。

それは、私が昭和三十三年（一九五八年）に芸能界に身を投じてみて、もっともっと実感しました。戦後二十年以上にわたって、大都会と田舎の風は違って感じられていたのが現実です。

その相違を如実に物語っている写真を、もう一度見てみて下さい。

「わぁ！」

と、喜びに満ちた人々。精一杯のおしゃれです。でも、芸能人とはやっぱり違って見えるのです。

さて、江利チエミで特筆すべきは、期せずして、日本の〝外タレ〟呼び屋の王様となる興行界の新生・永島達司を、田岡一雄や吉本興業と結びつけたことだろう。

江利チエミの父親は天才的な音楽的才能を持った人でした。クラリネットの名人でしたが、戦時中に徴用に取られた工場で、作業中に指を失ってしまいました。そこで独学で三味線やピアノを習得し、同じ所属の柳家三亀松の相三味線やピアノ伴奏をしていました。

母親もチエミも、吉本興業の所属でした。

昭和二十七年（一九五二年）、十五歳の時に「テネシーワルツ」「家へおいでよ」がヒット。この年にもう博多に来ているのは、吉本興業の林弘高社長が永田を通して、田岡に江利チエミのルートを売っていたからだと判ります。

こうした裏のラインに依って、表の「ひばり・チエミ・いづみ」の「三人娘」が出来上がっていったのだと、お判り頂けますよね。

博多に行く前に、田岡は永田から「林弘高から、東京に来て、見て欲しい新人がいると言われている」と招聘を受け、コンサート会場にみんなで出掛けたのだ。吉本興業所属の新人歌手をだ。

それが江利チエミで、主催が永島達司だった。やがて「日本一の呼び屋」と言われ、「キョードー東京」の社長として一時代を築くことに為る永島達司である。江利チエミを確かめに来た田岡一雄は、男の直感として永島達司を認めたのです。

「この男は侠《おとこ》だ。興行界の新風だ！」

本物は本物を見抜く力がある。

利を優先する者に、人間の本物は居ない。まして、興行は娯楽だ。

何時だって五十と五十なのだ。

五十は真実で、五十は遊びだ。

遊び心の無い人間に、本物などは居ない。

人々を楽しませる興行の稼業には、それを自分で楽しんでいる人間しか本物に成り得る資格を与えていないのだと思う。

一瞬で田岡は永島達司を思念で捉え、彼に自分の理解を無言で伝えた。

永島は瞬時にそれを得心した。

流石の人間達だった。

永田も、その見えないプラズマを感じ取っていた。これも只者ではなかった。

「よーし！」

自分達の輪の中に永島達司を受け入れるのを、田岡が認めたことが嬉しかったのだ。

「ところで、江利チエミはどうなの？」

「うん。永田はん！　巡業を組み立ててやりなさいよ！　わしはわしの考えもあるから、あの娘売ってやりましょう！」

林弘高もホッとした。何かと下に見ていた田岡一雄という人間の、先を見、人を見、行く道を組み立ててしまう眼力と実行力を身に染みて感じさせられたから、林は吉本興業の責任者の一人として内心で深く詫びる思いで恥じていたのだった。

「親分、よろしくお頼みします！」

「ひばりとも仲良くさせましょうか！」

そうか。そうなのかと、林も永田も判った。

「この人の頭の中は、我々の考える範疇《はんちゅう》を超えているからな！」

任せておけば、じきに吐露してくれる。決して独り占めしない人だと二人共知っていた。

特に林弘高は、川田義雄の一件から田岡一雄を尊敬していたのだ。

「江利チエミにも絶対必要な人間になるだろう！」

心に深く銘じた。

そして、案の定、九州への江利チエミへのレールが敷かれたのだ。三人組は機敏だった。

十五歳、デビュー直後の姿だ。

三橋美智也

(33)昭和30年、「古城」に力を入れていた頃の三橋美智也。

三橋美智也さんは、デビュー前から九州巡業が決められていました（写真33）。

「うちの社員が入れたんよ！巡業に出させてくれへんか！」

田岡一雄の頼みに、そのコースを切ったのが古池慶輔だった。

「三橋美智也っていう若者だ。安くするから。あんたんとこで三日回して、大分に行かそ！　頼むよね！」

昭和三十年（一九五五年）の年頭だった。

誰も嫌とは言わないが、乗らない返事で受けざるを得ないのが、興行師の辛いところだ。

それで古池関連の興行師が、仕方なしにぐるっと九州一回りのコースを作成した。

ポスターを作っている際中に、やたらにラジオから流れ出した歌があった。

〽嬉しがらせて　泣かせて消えた
（こんな奴が来てくれたら良かとになぁ！）
〽憎いあの夜の　旅の風
（いいなあ！　こいつ！　惚れ惚れするとね！）
〽思い出すさえ　ざんざら真菰《まこも》
鳴るなうつろな　この胸に
（くあー！　良かね！　なんば言いよる歌手やろかねぇ！　おーぅ。三橋美智也とね！
うーん、良か良か！）

と、興行師はファンになった。

ポスターが出来上がって驚いた。

「三橋美智也　当地　初登場！」

三カ月後の興行迄に、三橋美智也の名は轟いていた。勿論、興行は大成功に終わった。

田岡一雄も、神戸芸能も、古池慶輔も、三橋美智也公演のギャラを少しもアップせず、最初の約束通りの金額で押し通した。評判は上りに上った。

ロカビリーブーム到来

私が古池慶輔さんにお会いしたのは二十代の初め、昭和三十五年（一九六〇年）でした。その二年前、私は三木鶏郎《とりろう》主宰の「冗談工房」というコント作家集団に潜り込んでラジオ番組などの構成をしていたのです。

それが昭和三十三年（一九五八年）の春で、この春にどっと世に出て来て一大旋風を巻き起こしたのがロカビリー。

山下敬二郎はケーちゃん、平尾昌晃はマーちゃん、ミッキー・カーチスはミッキーと呼ばれて、戦後初のアイドル御三家が誕生しました（写真34a、34b、34c）。

これを最大のスターとして、若者、特にうら若き女達の生み出していった星々は、日本各地の大都会で次々と誕生していきました。

日本で最初にジャズ喫茶が誕生したのが、昭和二十八年（一九五三年）十月二十日、銀座

「ロカビリー三人男」。いずれも昭和33年6月28日。

(34a)山下敬二郎

(34c)ミッキー・カーチス

(34b)平尾昌晃

七丁目の「テネシー」でした。

オープン記念公演は、稲吉《あきよし》敏子トリオの出演でスタート。私は中学二年で二階席に陣取り、ツーステージも観ました。

ところが、ジャズのファンは意外に少なく、その後誕生していった都内のジャズ喫茶も各地の店主も、客の呼び集めに四苦八苦していたのです。

昭和三十年代に入ると、アメリカでセンセーションを巻き起こす若者が音楽界に出現しました。ビング・クロスビー、そしてフランク・シナトラに次ぐスターとなる大金星は、皆さんご存じのエルビス・プレスリーです。この人は、昭和十年（一九三五年）生まれです。

一九五五年から五六年に、あっという間に人気を博すと、「あの腰を振って歌う姿は、教育上よろしくない！」と猛反発を受けました。これに対し、若者は敢然とアメリカ中で反発します。一気にプレスリーはアメリカ全土の若者の心を摑み取っていきました。それは各州の大人達を支配する既成の倫理と裏腹でした。時代とは、何時でもそうしたものなのですね。

これに日本の若者も応じました。さしたる戦争の労を知らない若者が一気にアメリカ文化を謳歌したのです。あっと言う間にロカビリーブームの現象を引き起こしていったのです。

折から、ジャズマンの日雇い的職業からの脱却を目指した給料制のプロダクションを設立して、事務所を開いた有限会社「渡辺プロダクション」の渡辺晋社長、美佐副社長夫妻がこれに目を付けました。「ウエスタンカーニバル」がそれです。これは本来、その名の如く、深く静かにファンの支持を得ていたウエスタン・ミュージックのバンドを糾合して、これも静かに開いていた連合公演の親睦の会でした。

その旗頭が堀威夫《たけお》さんです。知る人ぞ知る偉大なプレーヤーで、明治大学の学生時代の昭和二十七年（一九五二年）には、ワゴン・マスターズのギタリストとして活躍していました。五年後にはスウィング・ウエストを結成しリーダーとなります。昭和三十五年（一九六〇年）には有限会社「堀プロダクション」を設立しました。これが後の株式会社ホリプロです。

そのバンド・リーダー時代に、渡辺美佐さんと共に昭和三十三年（一九五八年）二月、一大ブームとなり戦後最大の若者文化の誕生となりました、第一回「ウエスタンカーニバル」を企画したのです。これは社会現象として記録される程、大人気を得ました。

当時、「ロカビリー・マダム」として一大脚光を浴び売り出していった渡辺美佐さんに比べ、堀さんの名は出て来ませんね。今にして思えば不思議です。美佐さんの一人勝ちですが、でもこれも知る人ぞ知るで、本当のところは堀さんのアイデアでした。自分で主催している「ウエスタンカーニバル」は、有楽町ニッポン放送の隣の蚕糸《さんし》会館内にあった東京ヴィデオ・ホールで開いておりました。しかし、それより広い会場でやりたいと望んでいたのです。渡辺晋さんに相談しに行きました。

「美佐もそんなこと考えていたよ！」

晋さんの助言で、堀さんは美佐さんと話し合い、会場は美佐さん、出演者は堀さんが集めることで意見が一致したのです。

山下敬二郎、平尾昌晃、ミッキー・カーチスを集めて来たのは堀さんです。ウエスタンの寺本圭一もそうでした。

そして彼等の出演料を決めたのは堀さんでした。それ迄のバンド仲間の親しき交遊は、伊達ではありませんでしたし、既に一同を集めての開催の経験と信頼がありました。

一方、渡辺プロ側の弱みは、ジャズバンドの連中との仕事が中心で、半分遊び仲間的、アマチュアじみた若者バンドとの親交が無かった訳です。

一方、勃興して来た若きヒーロー達とは、堀さんはジャズ喫茶の舞台を通じて知り合いでした。そこは日頃の仲間意識の連帯感というものです。

「大きな箱（会場）でやりたいね！　みんなで集まってさ！」

誰言うとなく堀さんにまとめ役の話が固まりましたが、それは信頼が寄せられていたからに他なりません。個性溢れる若者ミュージシャンの中では、温厚な人柄が際立って好かれていたのでした。

そして、堀威夫、渡辺美佐連合が実現する日が来ました。それが最初の「ウエスタンカーニバル」の開催だったのです。

東京には昭和三十年代には続々とジャズ喫茶がオープンし、仲良しバンド的な同好会だった若者のチームが、一つ一つの店を根城として伸していく時代を迎えていました。

私が高校生の時代、はっきり理解出来ていたのは、バンドを組む誰もが、いわゆる金銭的に恵まれている家庭の子だったということです。ピアノ、ヴァイオリン、ギター、スチール・ギター、ドラムス、ベースといった楽器を操れるようになるには、それなりの年月が必要なのです。ということは、その期間の練習に費やすお金が無ければ、人前で供せる技術を手にすることなど出来ません。

終戦後十年の日本でそんな恵まれた環境に育つ子弟は、ほんの一部です。金銭的に豊かな家庭であっても、都会から離れていては、文化的な土俵がありません。そうした全ての条件を満たす場所が、大学や私立高校のキャンパスだったのです。バンドは、色々な楽器の得意な人間が集まらなければ成立しないものです。その集まりが発見出来る場所がキャンパスでした。そこに仲間が居たということです。

堀さんも昭和二十三年（一九四八年）に「ワイキキ・ハワイアンズ」を結成、昭和二十七年（一九五二年）に小坂一也（ボーカル）、井原高忠《たかただ》（後にＮＴＶ名物プロデューサー）等と「ワゴン・マスターズ」にスカウトされ、ギターを担当しました。明治大学の学生の時です。

「そんなことやる為に育てたんじゃないぞ！」

この当時なら、親はそう嘆いたに違いない。しかし「好きこそものの上手なれ」です。

昭和三十二年（一九五七年）に「スウィング・ウエスト」を結成、バンド・リーダーとなるのです。己の道が見えていたのでしょうね。戦後の新世代ヒーローの一人です。

山下敬二郎vs菊地正夫

平成二十三年（二〇一一年）の正月に、山下敬二郎は地上から去っていった。

私はこの世界での出発時に敬二郎さんと知り合ったが、同じ渡辺プロに仰ぎ見たのは短い時間で、簡単な理由で辞めてしまっていた。

その理由が本当に単純で、山下敬二郎の人となりを物語っていた。

「社長！　サンダー・バード買ってくれよ！」

「ん？　サンダー・バード？」

「スポーツ・カーだよ！」

旅興行から戻るなり、自分の家に住まわせて専属歌手にしたばかりの男から、藪から棒に言われたから、渡辺晋社長も戸惑った。

「美佐さんが、社長が帰ったら買ってやるって約束してくれたぜ！」

「ああ、そうか……」

「俺、サンダー・バード、買ってくれんなら事務所に入るって言ったんだからね！」

「そうか。うん。そうか！」

と、社長は答えて、その車が幾らするのかを調べないとな、と考えていたのだ。

山下さんは、切羽詰まっていたのだ。日本には一台しか入っていないと知らされていたピンクのサンダー・バードを、もう既に乗り回していたのだ。

「俺、渡辺プロに引き抜かれたよ！　直ぐに払うから、もう乗させろや！」

業者も喜んだ。当代一の若者代表の歌手に買ってもらえたらと、笑顔で応じたのだ。

良い時代だった。

外車に乗っているだけで、検問は除けられた時代だった。それなりの人間しか外車になんぞ乗れないからだ、
こんな逸話があった。当時、有名だった業界内の話。ここで私が再現しよう。


表参道はご存じかな？

原宿駅から一本道で青山通り迄、真っ直ぐな幅広い道だ。明治神宮への参詣の道だ。

朝まだ明けやらぬ中、人通りも無いこの道を唸りを上げて下って来る車があった。

この道と交叉する明治通りを過ぎると、交番がある。余りの咆哮に驚いて、警官が飛び出た目の前を、ピンクの外国車が低く走り過ぎて行った。

それが毎朝続いた。警官は常に後手だった。

ある朝、ピンクのサンダー・バードが急停車した。せざるを得ぬほど、交番前は警官で埋まっていたからだ。

「山下さん、免許証を拝見したい！」

山下敬二郎が体を震わせた。

「どうしました！」

じーっと警官の目を見ていた山下敬二郎が、ポツリと呟いた。

「くーっ！　お前、卑怯だな！　俺が免許持ってないって知ってて、言ってんだろう！」

「えーっ？」

「持ってないよ！」

「うーん……」

考えていた警官が、一言も口をきかず、手で早く行けと合図していた。

明くる朝。

ぱーっとピンクの車が停まった。

降りて来た男が、どっと警官に手渡して走り去った。

警官の手には、みんな欲しくても手に入らない「ウエスタンカーニバル」の招待券が、どっさりあった。

嘘でも本当でもいい。

私達の耳に残っている話だ。

そのサンダー・バードの代金を即金で出してくれるからと、山下敬二郎は渡辺プロを辞めて他のプロへと移って行った。

渡辺社長の家には、付人だけが残った。

書生のように住みついて身を起こした男こそ、井澤健さんなのだ。この人の話は後ほど！

芸能界のドンと言われる人の労苦は、知る人ぞ知る。半端ではない耐久の努力と情熱の上に出来上がっているのです。


山下敬二郎と一緒に、菊地正夫が写っています。私はこの人が好きでした（写真35）。

ウイリー沖山という、ヨーデルの名手がおりました。この人の弟子になり、ウエスタン歌手として、ヨーデルも歌うようになるのです。このバンドには山下敬二郎が先輩弟子として存在していたのです。

ある時、事件に直面しました。

それは名古屋から、次に大阪の「大劇」でウエスタンカーニバルを三日やって、今度は夜行寝台列車で博多に向かう時に勃発したのです。

夜半に事件は起きました。

三段ベッドが向かいあっていまして、下の席には水原弘とミッキー・カーチスが寝ていました。中段はバンドの連中でした。

一番上に私とミッキーさんのボーヤのジュンが寝ていました。

夜行列車が岡山を過ぎた頃でしょうか、突然人の走る音と怒鳴る声が響いて来ました。

何事かと、私は下へ飛び降りました。

「何だ？　なべ！」

カーテンの内側から、寝たままの水原弘の声がしました。

「確かめます！」

静止していると通路へ、山下敬二郎さんが血相変えてやって来て立ち

(35)山下敬二郎(左から4人目)と菊地正夫(右端)。

止まったのです。

「野郎！　ぶち殺してやる！」

今来た通路を振り返って、興奮しているじゃありませんか。見れば手には手頃な長さの空気銃のようなものを持っていました。傍らに内田裕也、田川譲二のお二人が側近として昂っておりました。

彼等が逃げて来た車両のほうから呻き声がして、三人が慌てたように前方の車両に消えると、私が居る前にゆっくりと現れたのは菊地正夫さんでした。

「な、な、なべちゃん！　や、や、野郎達、ど、どっち行った？」

私はこの人のウエスタン・ソングの歌い手としての存在が好きでしたから、ウイリー沖山さんのステージは観ていました。

例によって、私の青春のとば口での出会いですから、菊地さんのほうで察して、私のやんちゃぶりを愛でてくれていたのです。

「菊地正夫とはやり合うんじゃねぇぞ！　あいつは強い！　それに兄貴が居て、兄貴はホンチャン（本当のやくざ）だからやるなよ！　これが強い！　菊地兄弟に構うんじゃねぇぞ！」

私が十七歳頃に受けた、銀座の先輩筋からの知識がソレでした。

ウイリーさんは、日本では少なかったヨーデルの歌い手で、この方の教えでコレが歌えたのは二人だけ。大野義夫さんと、そして菊地正夫さんでした。

菊地さんは吃音なのでした。今夜のトラブルもそれをからかわれたに相違ありません。よっほど我慢していたと思います。大人しい人でしたから。

「強い人は大人しい！」

私は決めていましたから。本当に噂通りに強いのを肌で感じていました。

本当に喧嘩したら、芸能界一強かったかもしれません。これは私がそう実感していた事実です。

そんな人を怒らしてはなりません。ましてや山下敬二郎さんにとっては、ウイリー沖山さんの同門なのだし、四歳も上の人でしたから。

「ど、どっち行った？」

と聞かれても、列車内の道なんて一本道ですからね。向こうから来たら、行くところはこっちしかありません。

「ね！　ど、どっち行った！」

それはつまり、結局、私に言わせたいってことじゃないですか！

「き、菊地さん！　ま、まあ！　落ち着いて！」

と、いうことですよね！　引っ込みの切っ掛けを求めている訳でしょうね。

その時でした。

「おい菊地！　やめとけやめとけ！　後で山敬に俺が良く言っとくから！」

低いどすの利いた声がカーテン内の寝台から届きました。水原弘です。

「菊地！　寝ろよ！　明日も舞台だぞ！」

ミッキーさんでした。

私はパントマイムで菊地さんを落ち着かせ、彼が手にしていた二本の板切れを奪って、向きを変えさせ、押し戻すように今来た道へ歩き出させました。

菊地さんは、次の車両に戻る際に、私に深々と頭を下げて去りました。

見送ってから自分のベッドに上る時、手にした二本の棒が、抜き去った白鞘と日本刀であったと気付きました。

ベッドで長刀を抱えて、天井を見ながら眠りましたから、悪い夢など見ようもなく、綺麗な女の子に迫られるという、現実離れもはなはだしいありがたい場面に満たされました。

「ね！　愛して！　愛して！　『骨まで愛して』！」

そう。菊地正夫さんは、作曲家になった兄の北原じゅんさんの作曲で、叔父さんの川内康範《こうはん》さんの作詞で「骨まで愛して」で再デビューしました。あの城卓矢さんになるのです。

その巡業の博多での三日間の一ページが、山下敬二郎と菊地正夫の二人が古池社長の娘や友人と寛いでいる写真です。

山田真二さんは、この頃人気の映画スターでした（写真36）。

(36)山田真二。

昭和三十一年（一九五六年）に歌った「哀愁の街に霧が降る」一曲が大ヒット。この歌で十年以上、興行は受けました。写真で見る如く、稀に見る美男子で、一寸そこらには居ないハンサム・スターでした。

雪村いづみさんと同じ事務所におりましたから、いづみさんに勧められて吹き込んだのです（写真37）。この時の担当マネージャーが長良じゅんさんでした。長良さんの修業時代の木倉事務所には、雪村いづみさんの他に、浜村美智子、弘田三枝子、ウイリー沖山、そして山田真二、水原弘もお世話になっていました。

長良さんは「長良プロ」を率いて芸能界のドンの一人となっていきましたが、山川豊、田川寿美、水森かおり、氷川きよし、梅宮辰夫、中村玉緒、グッチ裕三等のスタ

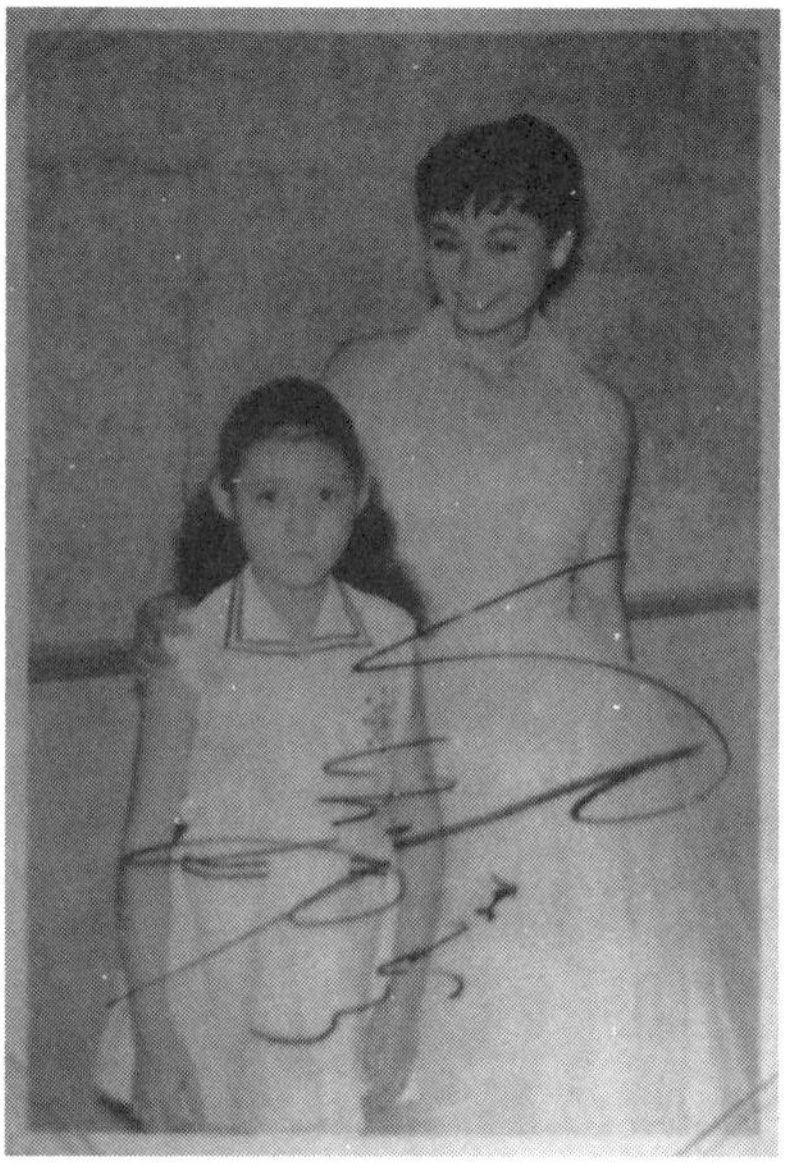

(37)昭和29年9月11日、雪村いづみと古池社長の末娘。

ーを育て上げたのです。

特に美空ひばりさんの後年の相談相手は、この人なのでした。

勿論、この山田真二さんの写真の時代は、私などは一緒に行動はしていても、山田さんも長良さんも知り合ってはおりません。ずーっと後の時代に可愛がって頂くようになるのですが、やはりこんなところにも縁というものが結ばれていたのですね。


さて。

「ウエスタンカーニバル」の一行が古池さんに気に入ってもらっていたことは、先ほどの写真を見れば判るというもの（写真34、35）。

特に古池社長の末娘が、ロカビリーの大ファンとなって、高校を東京の共立女子学園で学ぶことになるのは、こうしたスターが身近に現れる環境に誘因していたのでしょう。

ロカビリーのスター達が、自宅に来る等といった現実は、恐らく日本中で古池家だけだったと思います。ロカビリー三人男が、皆、訪問しているなんて、考えられない夢の又夢の世界なのですから。

それが、ここにはありました。

水原弘、そして私の不良時代

この写真は昭和三十六年（一九六一年）のもの。昭和十年（一九三五年）生まれの水原弘は二十六歳。古池さんの髪はだいぶ白くなっているが、男盛りの五十三歳だ（写真38）。

水原弘は、昭和三十三年（一九五八年）に始まった『日本レコード大賞』の第一回レコード大賞に輝いたスターでした。

受賞曲「黒い花びら」は東芝レコードで百万枚の大ヒットを記録、デビュー曲一発で人気歌手に伸し上がりました。そのまま『紅白歌合戦』に初登場となりました。

永六輔作詞、中村八大作曲。このコンビはその後もヒットを次々と生んで、「六八コンビ」ともてはやされました。

少し話を横道に逸らしますが、お許しあれ！

(38)昭和36年、水原弘。水原は第13回日劇ウエスタンカーニバル後、名古屋大劇〜大阪劇場〜博多日劇(柳橋劇場)へ巡業。

私は明治大学入学と同時に、二人の気の合う友人を得ました。

一人は実にゆったりとした気質の男で、菱谷嘉夫と言いました。父親が「ジャーマン・ベーカリー」の専務。私など育ちの過程でお目に掛かったことが無いようなケーキや食べ物や飲み物の新文化に酔わされました。

もう一人が、とてつもなくアメリカっぽい雰囲気の石津啓介でした。

家へ行って驚いたのは、石津には兄が二人居ましたが、この三人の部屋にはドアが無かったことでした。鰻の寝床みたいに横一列に仕切られた各人の部屋の仕切りは、カーテンだけでした。手前の直線上に風呂とトイレがありましたが、ここもドアなしを要求した父親の案は母親の猛反対にあって、撤回されたのだそうです。父母の寝所は中二階で、ここも空間だけの部屋で仕切りは家自体の壁だけでした。

この父親が昭和三十三年（一九五八年）当時、メキメキと若者の間に支持を増やしていた衣料メーカーのＶＡＮヂャケット社長・石津謙介さんでした。

この頃の私は、小学五年生の時に心に決めた、役者で生きようということを固く心に期していたのです。その志を遂げる第一歩は、家からの脱却だと、強く強く感じていました。

そして、三木鶏郎先生の冗談工房に入り、先生の知遇を得、その厚志で野坂昭如誕生前の阿木由起夫（アキユキからのペンネーム）先輩に単独指導を受けさせて頂くのです。


この当時、私の心には、友人二人の父親に持った羨望と敬意が根源にありました。菱谷や石津の親父さんのような、堂々たる大人になっていきたいという願望でした。

それが水原弘の写真にどう意味があるのかと、そうお思いでしょう。

私、率直に申して、友人の家の現代的な文化度に比べて、私の家の低さに驚愕していたのです。

まさに菱谷家、石津家には、次代に向ける思考が満ちみちていたのです。明日を見据える英気が溢れていたのです。

特に石津家には、新劇の俳優さんや建築家や写真家、車好きの人々やカントリー歌手といった人々が、ひっきりなしに訪れてきておりました。

東野《とうの》英治郎さんや小沢栄（後の栄太郎）さん。二人は俳優座の巨頭でした。

民芸からは信励三さんや下元勉さん。

青年座の初井言榮さん、山岡久乃さんの姿も度々お目に掛かりました。

私が最も興味を抱いたのは、ウエスタン・シンガーの寺本圭一さんでした。

この人は変人でした。

床屋さんに行ったことがないって人で、風呂場に三面鏡を持ち込んで自分で調髪します。櫛と鋏でショートカットでも何でも、素っ裸で立派に仕上げてしまうのです。

この人との縁が深まり、私は寺本さんと小田急線梅ヶ丘駅前の借家で何カ月か共に暮らした経験があります。

育ちが良い上にルックスが良く、貴公子然としておりました。

何しろ慶應義塾の幼稚舎から中学高校と歩んで、大学はポンと青山学院大学へ進んだ人です。私が大学一年生で石津家で知り合った時、私より六歳上の彼は青学の何回生かをやっていました。ずっとそれでしたがね。

昭和三十二年（一九五七年）、寺本さんは明大を卒業したての堀威夫さんと共にロカビリーバンド「スウィング・ウエスト」を結成、ボーカルを担当します。

後に第一回日劇ウエスタンカーニバルに出まして、渡辺プロにスカウトされます。

そして「寺本圭一とカントリー・ジェントルメン」を結成し、カントリー・ウエスタンの王者となります。

このバンドに、我が友・石津啓介がゲスト出演して「マンション・オン・ザ・ヒル」なんか歌ったりしていました。

銀座のジャズ喫茶「美松」や、寺本さんが出演していた「ウエスタンカーニバル」の日劇の楽屋へ私は顔出ししていて、同部屋の山下敬二郎さん、水原弘さんと顔馴染みになっていきました。

この頃、私は芸能界に歩を進めたく、強い志向を更に強くする為に、大学入学直後の六月二十日に大田区六郷の家を飛び出て、独立独歩の道を踏み出しておりました。始めたばかりのコント書きでの稼ぎでは、とても生計は成り立たず、きつい毎日が続いていたところでした。

何しろ必死で、下宿代、食費、学費を手にしなければなりません。節約と忍耐の連続です。都内はバス、電車などはまったく使わず、ただただ歩きました。

学費は年に一回でしたから良いものの、毎日の食べる物には往生しましたっけ。金のある時に特大のバゲットパンを買っておいて、固くなったやつを切って、やかんに入れて水でふやかす。それでドロドロに糊状になったのを注ぎ口からズルズル啜るのです。一本で一週間持たせたものでした。

だからこの時代は、年中、腹を空かせていたような気がします。お蔭で、私は今でも何を食べても、

「美味い！」

としか思いません。だから私は味音痴。女房は張り合いが無かった筈です。何を作って食べさせても、

「美味い！」

これ一本でしたから……。

人生で最高に貧しかった青春ですが、芸能界の入り口に居た私は、石津家、寺本さんといった人の影響を受け、そろりそろりと入り込んで行ったのです。腹は満たされぬ毎日でしたが、日々の充実は満たされに満たされていました。身近に時の人が溢れておりましたから。

寺本さんに連れられて、渡辺プロ社長宅へ顔を出しました。

「こいつ、喜劇人になりたいって言ってるんだ。美佐さん、頼むよ！」

寺本さんは渡辺プロの新しいポピュラー部門のスターでしたから、副社長はすげなくも出来ず困っていました。

「あんた、喜劇人的な顔してないし、二枚目って柄でもないし！」

もう、三木鶏郎事務所で引導渡されて、コント書きにされた身だから、こっちが判って

いました。勉強して、きっとなってみせると、この面通しで強く自覚したものでした。

その勉強のチャンスが来たのです。

それは日劇の楽屋でした。楽屋は山下敬二郎、寺本圭一、水原弘の三人が使う相部屋でした。

時は昭和三十五年（一九六〇年）一月二十二日から、二十八日迄の「第九回ウエスタンカーニバル」中のある日でした。

この時、私はKRラジオ（今のTBSラジオ）の生放送四十五分番組の構成作家の一人として、売れっ子放送作家の羽柴秀彦さんの下で働いていました。月〜金曜の帯番組でしたから放送時間の四時〜四時四十五分の放送時間に合わせて、出演者の芥川隆行アナウンサーと相手役の女性と、掻き回し役の柳家小ゑん（後の七代目立川談志）のトーク台本を作らねばなりません。当日の新聞から拾っての時事ネタを短時間で作成し、何部かの台本を作り上げるのが役目でした。

羽柴さんは名前の通り秀吉を名乗らず、秀彦と名付けられた本名でしたが、羽柴秀吉そのものみたいな人で、豪放磊落《らいらく》な知性に満ち満ちた人で、大きな心を持った仙人みたいな人でした。トリロー門下では永六輔、野坂昭如に次ぐ第三の放送作家で、陽の出の勢いでした。

特に人の面倒見が良く、私みたいな素人にも目を掛けてくれ、こう仰いました。

「俺の懐を利用して育っちゃいなさいな！」

こんな深い懐を持った人には、後にも先にもめったにお目に掛かれやしません。

幸せなことでした。世の中にはこういう人が居るのです。何が凄いって、一枚の葉っぱを独りで独占していられる立場なのに、何人も食べさせて平気で見守れる人って、これはそうそう居るってもんじゃありません。

一人一人がそれで自立して羽ばたいて飛んで行くのを、目を細めて見ておられた羽柴さんに、今更ながらリスペクトで深く頭が下がります。

良い人に会えて、当時頂いた一カ月一万円のギャフで、私は独立独歩の生活が安定したのでした。

さて、この生放送の番組の生原稿書きを羽柴さんが認めてくれて、私は毎日有楽町へ通う生活となりました。十時に行って十一時までに仕上げた原稿をディレクターに渡した役、山手線の駅のガードをまたいだ向こうの日劇へ。

午後一時の一回目のステージは一時間半で終わります。出演者はオープニングでは並んで出ますが、そこからは各バンドが香盤表にそって出演し、最後にまた全員がステージ上に顔を合わせてお終いです。

私はオープニングを終えて楽屋に戻ってくる三人を待つのも日課にしていました。

最高の人気者は山下敬二郎さんでした。

私の悪名は銀座のジャズ喫茶では少しは売れていたので、敬ちゃんは敬意をもって接してくれていました。

「俺はあんたを知ってるぜ！　二郎さんには俺も可愛がってもらってっからよ！　な！　な！」

仲良くしようぜと言わないが、目がそう言っていました。

「二郎さんには……」という文言には、私達には共通の憧れの名前がありました。上に、通り名が付いていました。

清水の……と言えば次郎長
浅草の……と言えば弾左衛門
黒駒の……と言えば勝蔵
国定の……と言えば忠治

私達、銀座の文化に浸る者、特に少々不良っぽい若者にとっては、二郎の上には「池の……」と付きました。

この池が、池袋ではなく不忍池でもないと、誰もが知っておりました。その池は、実に有名でもない洗足池《せんぞくいけ》という、知る人しか知らない小さな池だったのです。

「池の二郎」という名を聞けば、少々の悪たれなら誰もが目を輝かしました。

「何しろ銀座の不良の頭だもんな！」

「大学出のインテリやくざだぜ！」

「集まってる一騎当千の子分達も、全部大学出身者だってさ！」

と、銀座で遊ぶ若い者の話題となっていたのでした。

事実、銀座には昭和三十年（一九五五年）頃、「銀柳会」「銀星会」という二つの不良少年軍団がありました。上の仕切りは直井組の若い者がやっていました。これを彼等若者は「ホンチャン」と呼んでワケも判らず従っていましたが、その本物のやくざの親玉が直井二郎さんだったのです。

この頃、私は「有楽町銀座三悪」といわれた喫茶店「ロア」「トレアドル」「ダイヤモンド」の一つの「ダイヤモンド」を手中にしていました。少々不良少年ぽい一団のリーダーとなっていました。

ちなみに、どこが悪名高いかといえば、この三店の喫茶店には、銀座の流行の先端をゆく、アベックシートが設備されていたのです。

汽車のベンチシートの如き座席の背もたれが、異常に高くなっていて、その二階席全体が非常に薄暗くセットされているのでした。従って、アベックといわれた若き男女にはとても受けました。若者は、この席にラブハントした娘を連れ込んで来るのです。

実は、この席で飲むコーヒーは特別高いのですから、余裕のある者しか利用出来ません。楽器をいじっていた若者同様だと私は理解していました。ですから、ここの二階へ誘う若者は、良いとこの坊ちゃんばかりです。ところが、この坊ちゃんは狼です。若き娘を落さんとする下心みえみえの飢えた狼なのです。

その狼は、少々、懐中が豊かです。ところが、その肥えた狼を狙って待ち構えている腹を空かしたライオンが居たのです。

一階のテーブルを見向きもせず二階の席を目指す若者は、そこはアベックシートだと知っている訳です。そこがどんな仕組みなのか勿論知っているのです。

二階を上った処にある何テーブルかは明るい席で、ここに陣取ったライオンのリーダー専用のテーブルには引き出しが付け足してありました。この中に、実は「パー券」と呼ばれるパーティ券が山ほど詰まっていたのです。勿論店の了承を得ている獅子軍団でした。アベックシートの常連は東京有名私立大学の学生ばかりで、彼等は何枚かの券を買うことで、この特別室での安全を仕入れたのです。

それればかりか、店を出て銀座を徘徊していて、他のグループに文句を付けられたとしても、このパー券を見せれば、

「あっ！　そうか！　ゆっくり遊んで行きな！」

と通じてしまう免罪符とも通行手形ともなったのです。実はこのパーティ券は「ユーレ

イ」と言われる物で、「ウエスタンカーニバルの夜」なんて印刷された美麗なチケットでした。「出演、ミッキー・カーチス、平尾昌晃、山下敬二郎、岡田朝光、バンド、スウィング・ウエスト」は嘘ばかり、このチケットには日付が書かれていない、実に怪しい物でした。

買う側も心得ていて、

「五枚下さい！」「はいよ！　五百円ね！　そちらさんは？」「今日は豊かなんで十枚もらいます！」と、インチキなパーティ券を買い、今日一日の銀座での安全を保証してもらう約束が暗黙のうちに出来上がっていたのです。

私は独立独歩でやっていましたが、でもその実、「渡辺は池の二郎さんと直結だからな！」と、囁かれていました。事実、直井家の母上と共に、短期刑を務める刑務所へ二郎さんを訪ねたりしていましたから。自分からは言わず、他から洩れてくる噂のほうが価値は高いんですよね。

池の二郎さんはやがては「銀座の二郎」としてその世界で大物となりましたが、終生、私を裏から庇護してくれておりました。

この頃、私は明治大学出身の堀威夫さんの後輩になろうとは夢にも思わずに、偽スウィング・ウエストのパーティ券を売りつつ、堀さんのステージを見つめていた純真な高校生でした。この頃少しは仲間に存在を知られておりました。ジャズ喫茶側のほうも私はフリーパス扱いとなっていました。

私は平尾昌晃さんのファンで、楽屋へ顔出しし、マネージャーやドラマーの二階堂さんと仲良く出来るくらいになっていました。そのマネージャーの苦難は、伸していくにつれて増えた「和製プレスリー」と呼ばれた平尾さんへの脅かし、そして恐喝でした。

若い娘の人気者は、何かといちゃもんや因縁を付けられたりしていたのです。これを私がガードする役を買って出て、「銀座テネシー」と「銀座ＡＣＢ」では平尾さんの防波堤役を務めていたのです。

青山さんや大坪さんというマネージャーが、何かと私を頼ってくれるので、こちらも真剣に力を貸していたのでした。その折、青山マネージャーの一言のセリフが私の心を躍らしたものでした。

「いやぁ助かった！　流石《さすが》ナベさんだ！　本当にありがとう！」

これだけのことですが、私はトラブルを買って出る喜びに燃えたものです。こう書いていても、あの青春時代が心を熱くするのです。

そして今、はっきり自覚しています。

「古池親分は、生涯、人に頼まれたら燃えていたんだろうなぁ！」

そう思わずにはいられません。だから書いていていても、調べていても、楽しいのです。

私の血にも古池慶輔さんの血に等しい一部が流れているんだろうな……そう思う訳です。若気の至りでお恥ずかしいのですが、ロカビリーが若者に受けて行き、ロカビリー三人男が出現してゆく中の、私の青春の一ページなのです。私の趣味は喧嘩でしたから。でも、遠い博多の古池さんや、「ウエスタンカーニバル」の大劇場公演を実現してみせた渡辺美佐さん、それを立案していた堀威夫さんとは、私はこの頃は無縁の人間なのですが、どうしてどうして……不思議なものですね。人生を構築してゆく中で、私の中で深く静かに繋がりを持って存在して来るのですから。

そんなこんなで、部屋頭たる山下敬二郎さんが「ちゃん」付けで私を呼ぶので、寺本圭一さんも水原弘さんも、初めは怪訝な様子でした。

私は山下さんと、山下さんに付いている若い者と、自分が同い歳だと知り、気心が触れた思いがしました。でも、この付人が、実はとんでもない人で、実際は四歳も年上なのに、それでは山下さんが使いにくかろうと年齢をごまかしていたのです。

山下敬二郎は第一回のウエスタンカーニバルで、渡辺美佐さんからの要請を受け入れ、即座に渡辺プロ入りをしています。

この時付いておりました人間も身柄を預けまして、渡辺社長宅住まいとなるのです。

この人の名を井澤健さんといいました。後のイザワオフィスの井澤さんです。

井澤さんは渡辺晋社長亡き後の渡辺プロの社長として存続を守り抜き、現在の渡辺プロへ導いたのです。ザ・ドリフターズの育ての親です。

さて、日劇の楽屋では井澤さんが山下さんの着替えなどの面倒を見ますが、寺本さんも水原さんも付人がおりませんから、自分でやらなければなりません。

私は、こうした時、勝手に手が出てしまうんです。寺本さんの面倒も、水原さんの衣装を掛けたり着せたりも率先してやっていました。

昭和三十四年（一九五九年）でしたかね。ある時、水原弘から寺本圭一さんに電話があったそうです。

「テラケイさん、ナベくれよ！」

つまり日劇の楽屋で小まめに働く私を気に入って、自分のところに引き寄せようとしていたのでしょう。

当時、私は急に構成作家として芽が出て来て、ラジオの構成もレギュラーが出来、忙しくなっていました。寺本さんとは一緒に生活をしてお世話になっていましたし、毎日の台本書きにも精を出さざるを得ない日々でした。

しかし、書く仕事が増えれば増える程、少し不安が膨らんでいたのです。

教えてもらった電話に、聞き知った低い声が返って来ました。

「ナベ！　今日会おう！」

せかされて行った日比谷三信ビルの地階の「ピータース・レストラン」は、私など一歩も足を踏み込めない高級店でした。

「俺な……マナセプロ辞めて、ナベプロに入るんだ！　おい！　俺と一緒に、青雲の志を抱かないか！　俺んとこ来いよ！」

私は絶句した。

家を飛び出て、今日をどう生きよう、明日はどう生きようともがいて暮らしていたから、俺んとこ来い！は響いた。

余談だが、この時の感激を、少し後に谷啓さんと青島幸男さんに話して聞かせた。

「俺んとこ来い！　で……」

と声を詰まらせて私は泣いた。二人も貰い泣きしてくれた。

「……うーん……実にどうも……いい話だ」

しばらくして青島さんが書いた詞を、植木等さんが歌った。

〽ぜにのないやつぁ　俺んとこへこい
俺もないけど　心配すんな

「だまって俺について来い」

昭和三十九年（一九六四年）の東宝映画『ホラ吹き太閤記』の主題歌であり、私が修行の為に大阪に行かされて、レギュラー出演したＡＢＣテレビ『ごろんぼ波止場』のテーマ曲もこれだった。演出が大阪の喜劇の才人・澤田隆治さんでした。

忘れもしない水原弘の言葉は、まさに私には、天から降った神の声に思えた。

「……俺と一緒に、青雲の志を抱こう！　な、俺んとこへ来い！」

ひもじかった私でも、感激の波が腹を満たしていて、厚いステーキなど一切れとて食べられなかった。

そう。ついでだから、この時、私が計算していた腹を明かしてしまおう。

水原弘の付人要望に、待ってましたと二つ返事で応えたのには二つの訳があった。

一つは、先に書いたように、自分の放送作家としての売れ出し方への困惑だった。

私の志は、小学五年生から役者への願望だった。それも喜劇役者への渇望だった。それが、放送作家への道が着々と進んでいた。

「大人のコントは今一つだが、若い者を書かせたら、なべがピカイチだなぁ！」

電通のラジオ局の山川御大は神様みたいな人だったが、トリロー一門にそう大声で言って驚かせた。

「でも……この道は……違う！」

そう思い出していた頃だった。

もう一つは、私の浅い芸能界生活での気付きでした。

それは、これだけの大スターがいて、その人達に弟子が付いているというのに、今迄、そんな中から伸し上がって来たスターなんてまったく居ないという現実でした。

あの時代劇スターから、弟子としてのスターが居ない。

あの大歌手の弟子といった売り出しで、世に出た歌い手が居ない。

短いけれど突っ込んだ首で見渡して、直ぐに感じた私の実感でした。

きっと、この世界は、焼き餅の世界に違いない。一つの葉っぱに群がった毛虫が葉を食べて成長し飛び立つのを、嫉妬で見ている世界だと思えました。

スター歌手が、自分の弟子を、

「あの子はルックスも良く、声も素晴らしいですね！　デビューしたら応援するわ！」

と褒められて、気持ちがどうなのかを考えてみることが度々ありました。

「良い姿で、口跡もよろしいし、楽しみですねぇ」

と、二枚目スターが度々弟子を褒められたら、胃癌になっちゃったという、笑えぬ話が実際あったりしていた。

「勉強するなら、筋違いの処でしたほうがいいんじゃないかな」と、薄々思っていた時でした。

そこへ水原弘の出現でした。歌手からの誘いでした。

私は歌などテンから駄目で、コメディアンになりたいのですと申し上げましたら、水原弘の目には、我が意を得たりの光が走りました。それで決まりました。

「明日から、来いや！　京都行くぞ！　東京駅で会おう！」

奮い立ちました。

放送作家なんかおさらばだ！

何もかもかなぐり捨てて、新しい道に立ちました。

昭和三十五年（一九六〇年）の春でした。


水原弘の「ウエスタンカーニバル」の出演は二回目開催の時からです。

昭和三十三年（一九五八年）二月の第一回の好評は、大の上に大が付く日劇の大ヒットとなり、話を持ち出した演出家の山本紫朗も大きく株を上げました。

同時に渡辺美佐は、ロカビリー・マダムとして時の人と為りました。

「鉄は熱いうちに打て」です。「機を見て敏」こそ、美佐さんの特質でした。開催中に第二回興行は確定してしまっただろうと思われました。

第一回の成功は、渡辺美佐さんの作戦にありました。

この方の育ちの環境でしょう。父親も母親も興行社を営み、米軍施設へ出演者を送り出していた、その長女ですから。

母の曲直瀬《まなせ》花子夫人は、英語の話せる血筋の人がいました。

ロカビリーブームと共に、一家は仙台から東京へ本拠を移し、マナセプロダクションを設立していました。水原弘はここの所属でした。

父の曲直瀬正雄社長は、多くのスターを育てました。坂本九、森山加代子、ジェリー藤尾、ダニー飯田とパラダイス・キングなどの他、ジャズの鈴木章治とリズム・エース等を抱える有力プロでした。次女の翠さんは鈴木章治さんと結婚していました。長女の美佐さんがジャズバンドのリーダーだったベーシストの渡辺晋と結婚し、プロダクションを起こすのも当然の理でした。

それが昭和三十年（一九五五年）でしたから、三年後の日劇への企画進出は、一族挙げての支援が裏面であったことでしょう。

特に美佐さんの妹、「のんちゃん」と呼ばれた曲直瀬信子さんは、当時、少しも格好良くない一人の少年を必死に育てておりました。ニキビ面のおよそ都会的ではない姿に、私なんか首を傾げておりました。

ところが、変に人懐こいこの少年が世に出て行くのです。

坂本九さんでした。

このマネージャーだった信子さんの力は、偉大でした。これも私の想像で書きますが、余り外れてはいないでしょう。

美佐さんより妹の信子さんのほうが、ジャズ喫茶の衰退、それに取って代わって伸してきたロカビリーバンドの実態を把握していたと思うのです。

日本で最初にオープンしたジャズ喫茶「銀座テネシー」の週間予告を見ても、毎日が昼の部、夜の部共に同じバンドの羅列でしたからね。客にとって魅力も何もあったものじゃない。ジャズやカントリーやハワイアンの絶対人口が少ない上に、ライブ感覚のミュージックホールの乱立で、まさに瀕死の状態だったのです。

そこにプレスリーがアメリカに出現し、日本にその影響が届くや、若者がこぞって模倣に走って、ファンが生まれ、その流れでジャズ喫茶のステージが変わってしまったのです。

その流れに身を投じたのが堀威夫さんであり、曲直瀬信子さんでした。

苦労して、育てるという業務を実施していますから、こういう人は強い。強い上に立派です。見方を変えれば、永田貞雄さんにしても、育てることに天性を受けた芸能の世界の神です。堀さんが舟木一夫や守屋浩や和田アキ子や山口百恵さんを育てたように、やはり天から与えられた業《わざ》を持たされていたのでしょう。

曲直瀬信子さんは美佐さんに隠れて目立ちませんが、私には芸能の神が天の業を授けた女性だと思っています。

「私に、任しといて！」

のんちゃんは胸を叩いてみせたでしょう。


初日の開場前に日劇の周りに列をなした若き群衆の数を見て、近くの新聞社や雑誌社からやって来た記者やカメラマンは、度肝を抜かれた。

このマスコミ対策もマナセプロは美佐さんの為に総力を挙げた筈だ。まだ渡辺プロには、こうした初動対応や事前の根回し迄考えが及んでいなかったのだ。これを救ったのは妹の信子さんだった。

「これだけあげるから、みんな呼び集めてくれない？」

知り合いのジャズ喫茶ファンに、初日の券を配ったのだ。

「気合い入った時に、これ投げてよ！」

紙袋いっぱいの紙テープだった。

「これ、みんなでお弁当代にしてね！」

手渡されたファンの娘も燃えたろう。

人の気を心得た信子さんの気配りに、心から燃えた。燃えない訳がない。

もう一つ記しておきたい。「ウエスタンカーニバル」を発案、実行した中の一人の功労者は演出家の山本紫朗先生でした。

実は、これも私は一つの「輪」を考えざるを得ませんでしたが、古池さんとは深い縁が存在していたのですから驚きでした。

昭和三十年代、「日本劇場」の演出家のドンは山本紫朗先生でした。

渡辺美佐というプロデューサーの凄さは、どんな大物でも、必ず自分の必要とする人間、特に男性なら、絶対味方に付けてしまうという特技を持っていました。才覚というか才能というか才腕というか、実に驚くべき処世でした。

「何かに夢中になってるな！」

敏感に私が察して何カ月か経つと、渡辺プロは佐藤栄作総理大臣の範疇にすっぽりと収まっているのでした。東京オリンピックの年が、私のデビューした年でした。所属の主だったスタータレントは、佐藤総理の意に添って応援に駆り出されるのが常でした。

ある時、私は自分のパラボラアンテナに、美佐副社長の動向が引っ掛かりました。ある経済人との接触を察知したのです。

それから、その方の経営するホテルでの催し物が開催され始めました。

不思議な情報を得て着目していると、一週間近く姿を見せなかった美佐さんが現れました。後で知るのですが、ある大スターのヒット曲の版権は、この期間に全てが渡辺プロに帰属してしまったのでした。こう気付いてしまうのですから、私は正直、美佐さんには煙たい存在だったようで、好かれはしませんでした。

山本紫朗さんの支持を得た昭和三十二年（一九五七年）後半頃は、私は蚊帳の外の人間ですから知る由もありませんが、渡辺プロにとっても美佐さんにとっても、山本先生は幸運の神様でした。とにかく先生の助力と援護で「ウエスタンカーニバル」の公演に漕ぎ着けたのですから。

これは、それこそ東宝の上から目線の、

「二月か八月なら、なんとかしますか！」

だった。本当に興行界には鬼門の月なのだ。正月で金を使った人々は、二月は節約して財布の紐が堅くなる。八月は海へ山へと繰り出すから劇場はガランとしてしまう。

これが常道なのだ。だから実力ある芸能社のスターは、券の捌きにくい二月、八月をスルーしてしまう。初見参の新人がここに身を入れられて、事務所共々苦労するのだ。

それこそ、東京でも大阪でも名古屋でも京都でも、劇場という劇場の辛苦の山坂なのだ。

「ウエスタンカーニバル」は昭和三十三年（一九五八年）二月八日を皮切りに、以後、五十七回、二十年にわたる大ヒット公演となる。若者には夏休み中だから、八月の公演は実施しているが、美佐さんは二度と二月に「ウエスタンカーニバル」を上演させていない。

大東宝をギャフンと言わせる集客で屈伏させてしまったのだ。

同時に渡辺プロダクション自体が、「有限会社」から「株式会社」に変貌している。

美佐さんと共に汗をかいた山本紫朗さんの力は、この時点で大きかった。

これは私の推察だが、

「美佐さん、このショウをもう一回りさせましょうよ！」

そう持ちかけたのは山本紫朗さんだと思う。

「もう一回り？」

「そうそう！　ショウを少し小規模にして、それを地方へ巡業させるんですよ！」

美佐さんは頭の回転の速い人だ。

更に、その秀麗さは行動にある。敏なのだ。

頭の中には、大ヒットで渦巻く劇場の出演者の取捨選択が渦巻いていた。つまり、ジャズ一色の自分のプロダクションに組み込むタレントの色取りに考えを巡らせていたのだ。

「私に考えがあるし、縁もある。企画させてくれるかなぁ？」

山本紫朗の頭には永田貞雄が浮かんでいたに違いない。

永田貞雄の縁は「戦前」にあった。

まだ、興行が浪曲主体の頃、実は博多の「柳橋南映」では、「ＫＫショウ」なるショウガールの一団が常設されておりました。ＫＫとはコイケ・ケイスケのＫＫでした。ここへ永田貞雄は盟友の為に出演者を斡旋していたのでした。

そして、ショウの台本や演出を、昭和十二年（一九三七年）に東宝のショウ演出家になったばかりの山本紫朗にやらして欲しいと、古池に頼んだのだ。

本当に不思議だが、この博多という途方もない遠隔の地へ、なんで日劇の演出家がやって来たのでしょう。

これは大学病院のお医者さんが、週の内二日ほど地方病院に出張診察に出るのと同じです。つまりはアルバイトです。お金になるのです。

有楽町と博多では、余りに遠い。気が付く者もいないでしょう。恐らく別名で台本も書き、演出もしたのでしょう。

二つの劇場と映画館でショウをやる中で、「ＫＫショウ」なるショウダンサーを育成していたのは、勿論永田社長のアイデアなのだと思います。

「東京じゃ松竹の〝国際劇場〟、東宝の〝日本劇場〟、名古屋や京都じゃ自前の歌劇は出来ませんよ。大阪では〝大阪劇場〟、通称〝ダイゲキ〟ですからね。親分が博多に狼煙《のろし》上げるんだったら応援しますよ！」

そうしてダイゲキの経営者、奈良のドリームランドの経営者たる松尾國三さんを古池さんに引き合わせたのです。この松尾さんは、本当にエンターテインメントを愛していた怪人だったと、私は嬉しくなります。御夫妻揃って娯楽産業たる劇場を愛してくれていた経営者でした。

「古池はん！　あんたほんまに劇場が好きか？　劇場は、人間が好きでないとあきまへんで！　劇場に出る人が好きで、観に来る人達が好きで、この人達に夢や希望を与えて、喜んで帰ってもらうのが嬉しいという者でないとあかん業なんや！　算盤ばかり弾いてるんやったら、ショウガールなんて持ったらいけまへんで！」

「わし、おなごが大好きですわ！」

「ははは！　そうかそうか！　永田はん、あんじょうしたってや！　この人なら大丈夫や！」

そうして、歌劇団「ＫＫショウ」は結成された。戦前の話だ。

この「柳橋南映」からは、看板描きで藤子不二雄の藤本弘さんや、先ほど申したように梅林良さん、博多淡海さんも育ったのです。

さあ、もう一息、写真を見つつ話を進めましょう。

石原慎太郎

おっと！　丹下キヨ子に気を取られるな！　この若者は誰でしょう？（写真39ａ、39ｂ、39ｃ）
頭髪に注意。この頃「慎太郎刈り」と評判を呼んだカットですぞ！
そう『太陽の季節』の石原慎太郎です！　とくと御覧あれ。

(39a) 昭和31年11月7日、丹下キヨ子と石原慎太郎。

(39b)柳橋劇場の楽屋にて。

(39c)「小女郎の間」にて。

こういう人が劇場に登場するのが面白い。

『太陽の季節』の芥川賞受賞は昭和三十年（一九五五年）、翌年から撮られた映画の公開が五月だから、その宣伝の為に水の江瀧子が根回ししていたに違いない。

ターキーは日活映画のプロデューサーになっていて、昔からの縁を頼ったのだろう。

古池社長の優しさは、深くターキーの心にも刻まれていた。

この時はまだ、石原裕次郎の芽が伸びてはいないから、兄の人気は文学者としての評価と、都会人にありがちなひ弱さが無い、湘南ボーイとしての垢抜けた風情の本物だった。

この人が映画の宣伝だけで、場違いの劇場挨拶などに出掛ける訳がない。自分の原作とはいえ、出演者でも製作者でも監督でもないのだ。どうだろう？　作家という種族は、自分の知らない世界の人間に興味がある筈だ。

恐らく博多の前に、神戸に寄ってはいないだろうか？　そこでひとしきり、山口組の三代目という人間を見定めて、石原慎太郎の目で田岡一雄を判断して来たのではなかろうか。

「ああ。こうした人間がやくざ者のリーダーとして存在しているんだなあ」

逆に、水の江瀧子に頼み込んでチャンスを得たのに違いない。それまでの慎太郎作品にもやくざ者は登場しているが、その世界に精通している感はない。

ターキーから聞かされた話に、興味を持ったとしか思えない。

「あーた！　やくざがみんな悪者だと思ったら大違いよ！　あたしゃ堅気より立派な人を

何人も知ってんのよ！　あーたもモノを書くんなら、本物の本物に一度ぐらい会ってみたら？　あちし、紹介してやるわよ！」

とか言われて、若き血が騒いだんじゃないのかな。

なら、経費は宣伝費で出すとして、一度だけ博多の劇場でくっちゃべっておいでよと、話が決まってしまったんじゃなかろうか。

いずれにしても、大変な写真ですよね。

益田喜頓

「おれね、終戦直後、ここの地の劇場に出させてもらってね」

ゆっくりワインを飲みながら、ゆっくりグラスをテーブルに戻すと、『屋根の上のヴァイオリン弾き』で司祭《ラビ》役をやる人がラビそのものの顔になり夜の博多の灯を見つめて、遠い日を胸に浮かべて黙った。

私はじっと息を殺し、それこそ物音一つ立ててはならぬと思いつつ、そっとそっと赤ワインをグラスに注いだ。

「私は、死ぬ役でね。ひっそり息を引きとるのさ。娘がわっと足元に突っ伏す！　その時だ、その時、薄目を開けた私の目に飛び込んで来たのは、二階の映写室の下を、壁を伝わってそっと忍び込もうとしていた男の姿だった」

出された空のグラスに注いだ。

「ドロボウー!と言おうとしたよ。写真室の隣が私の楽屋でね。表は錠をしたけど、内側は窓だけど劇場の空間なのさ。鍵なんて掛けてない。野郎、そこから入り込んでいった。お蔭で、何もかも盗まれてさ。ずっと衣装で過ごした苦い経験がある!」

名優・益田喜頓さんと過ごした『屋根の上のヴァイオリン弾き』旅公演で、私は毎夜の夕食を御馳走しながら、お返しに昔話を聞く。二人だけの楽しみだった。

その時は、博多の昔話として聞いていましたが、それがなんと古池社長の劇場での出来事だったと、写真を見ながら合点がいきました!（写真40ａ）

ほら。これだから人生は楽しい! 縁は繋がっていたのですから。

私なんかとは天と地の違いがあって、親しく口などきいてもらえない存在の老優でした。明治四十二年（一九〇九年）の生まれ。平成五年（一九九三年）に八十四歳で没しました。

昭和十一年（一九三六年）、川田義雄が興した「あきれたぼういず」に参加し、坊屋三郎、芝利英と共に、ジャズでも時節でも笑いに包んだユーモア音楽で売り出しました。

戦後、昭和二十一年（一九四六年）に、坊屋三郎、山茶花究と改めて「あきれたぼういず」を結成し、昭和二十六年（一九五一年）まで続けました。以後、東宝のミュージカルで個性的な笑いを振りまく役柄で、欠かせぬ存在をキープし続けました。

(40a) 昭和36年、名優・益田喜頓と東映京都太秦撮影所にて。

(40b) 昭和28年12月、当時売り出しかけの森繁久彌。

昭和三十八年（一九六三年）、『マイ・フェア・レディ』のピカリング大佐は有名。昭和四十二年（一九六七年）からは、『屋根の上のヴァイオリン弾き』の司祭を、九百七公演し続けました。

私が知遇を得たのは、私が三十六歳で森繁久彌さんの付人を経験させて頂いた翌年でしたから昭和五十一年（一九七六年）でしたでしょうか。私は三十七歳、喜頓さんは六十七歳でした。森繁さんの四歳上でした（写真40b）。

非常に気難しい方だとお聞きしていました。そこで私は、旅公演が始まるやいなや、御当地の商店街を歩き、洋品店などで気の利いたネクタイやシャツを見つけては買い集めるのを旨としました。

喜頓さんが楽屋入りする。

自室に入る。

化粧前に座る。

すると眼前に置かれている細長い箱、一目でその包装がエルメスだと判る人なのです。とてつもなく御洒落なのです。常に品の良い上質の仕立て背広姿でした。

「お先に街に出ましたら、小粋な洋品店があるじゃありませんか！　此の目に飛び込んで来たのは此のタイです。先生の着られていたスーツにピッタリだと直感したのです。どうぞお納め下さいませ。本日、初日のお祝いとして献上申し上げます。

なべおさみ
P．S．　終演後の食事に良きイタリアンレストラン発見致しました。上質のワインございます。御招待させて下さいませ。」
これは喜ばれ、以来、毎日、化粧前に一品置いておき、終演後は二人で食事をする至福の時間が流れたのでした。

そして、その話の中でお聞きした苦労話が、あれから四十年以上の時を経て、一本の糸として繋がったのです。

ね。人生って、素敵ですよ！

芦屋雁之助さんが語る旅巡業

興行の話で、忘れられない想い出話が甦ってきました。

昔は興行に送り出すタレントを「荷物」と言ったのですが、人間扱いしてないように聞こえますよね。でも、利益ばかり追求している上に立つ者に使われて、ほとほと参っている時に、温かい言葉を投げ掛けてくれる人間に出会うと、どんな芸能人でも、どかっと涙を流したそうです。

それが、旅巡業などで顕著に経験出来たそうです。昔は酷い巡業が山ほどあったのが本当です。

「その日の客の入りで、興行師のおっちゃんの機嫌が変わるんよ！　雨なんかで客足が悪かったら、宿屋の御飯が極端に悪うなるんよ！」

遠い昔を偲ぶように色々と旅巡業の悲哀を話して下さったのは、芦屋雁之助さんでした。エンタツ・アチャコからテレビの時代へ移っての大阪芸人の次世代スターですからね！『裸の大将』で山下清を演じた方ですよ。

「坊や！　辛抱して出世するのよ！　きっとあなたは世に出てくるって私には判るわ！」

そう言って、そっと隠れて握り飯を食べさせてくれた女中さんは、自分と変わらない年頃の娘さんだったと言う。

「その人からこの劇場に手紙が来たんよ！」

嬉しそうに目を細めた雁兄ぃの顔が忘れられません。

「何て書いてありました？」

私がそう来るだろうと決めていたように、更に明るい愉快そうな面持ちになった。

「うん！　〃私のこと、覚えていますか〃って！　なんで忘れますかいな！　暗い戦後の四国の港町ですわ！　情というものは肌身に沁みます！　〃観に行きます。楽屋訪ねてもいいですか〃って！　この公演にやでぇ！」

ここは帝国劇場の楽屋だった。森繁久彌さんが座長の芝居で、この頃雁之助さんの占める役割は、森繁一座では大きかった。私はひと頃の山茶花究さんの任を引き継いだなあと理解していた。

「あんた、この話、どないになるか、又、ここ訪ねて来てくれへんか！」

何故か雁兄ぃとは気が合った。

雁之助という人は、腹の据わった人でした。

誰もが舞台では演出家に気に入られようとするものですが、余り演出家が無理難題を言って先生風を吹かすと、自分ではなく他の役者に当たっていたとしても、雁之助さんは突然舞台上で衣装を脱ぎ出して放り投げる。

「あんた、独りでやんなはれ！　ワシら、付いて行かれへん。ワシ、やめるで！」

舞台稽古の真っ最中に、当時売り出し中の花登筺《はなとこばこ》先生にそう言い放って行動したのです。

楽屋雀の間では有名な話です。

さて、私は千穐楽近く、再び森繁劇団の帝劇の楽屋を訪問しました。

「よう来てくれたね。あんた、嬉しい人やねえ！　わし、正直、関東の人とは気ぃ許せなんだけど、なべちゃんとは別やな！　共演かてないけど好きや！」

そう言って化粧前から振り向いて座った。楽屋でお茶を出してくれた若い者が去ると、私に顔を近づけて、声を潜めた。

「その日が来て、客席でその方が観てると思うと胸が震えてなぁ！」

そりゃそうだ。戦後間もなくなら、雁兄ぃだって少年だ。その時の優しい女《ひと》が、雁之助さんの活躍を見て、

「あっ！　この人、あの時の子だ！」

そうして「娘よ」のレコードが大ヒットし、ついに『佐渡島他吉の生涯』の公演に出ている雁之助さんに、劇場宛に手紙を書いたのだ。

「……！」

黙って聞くに限る。

「……うーん。終演後、いくら此処《がくや》で待っとっても、楽屋口から知らせが来んのよ！」

「……！」

「たまらず、わし、楽屋番のおじちゃんとこ行ったんよ。そしたら、手紙預かってまっせって！」

引き出しから、走り書きした手紙を見せてくれた。そこには、こう書かれていた。

「立派にならはって、涙が止まりませんでした。お体大切に頑張られて下さい。遠く離れた地より見つめております。時が過ぎた今、昔のままのイメージであり続けたいので、お会いせずに帰ります。さようなら」

泣けた。

二人で、泣いた。

ここ迄に私達は、舞台に注ぐライトで照らされたスターを見てきました。表に出ない人達によって娯楽としての興行が、戦後何十年にわたって続けられていたことを、もうお判り頂けましたでしょうかね？

終章

「ハレ」と「ケ」考

「ハレ」と「ケ」とは

日本の社会機構には、古来、暗黙の掟が存在しています。余り難しく考えないで下さい。簡単に申しましょう。それは基本的には「ハレ」と「ケ」の世界です。二つの社会で成立しております。「暗黙」と申したのは、それが明記されていないからです。しかし観念としてしっかり存在しております。観念って見えないですよね。

だから、ないと言えばない、あると言えばある。物事に対しての考えです。見解とも言えます。

では、まず「ケ」とは何でしょう。

「ケ」とは日常存在している全てを言います。字で書きますと、読みにくいです。めったにお目に掛からぬ字ですよ。「褻《け》」と書きます。辞書で引くと、「おおやけでないこと。よそゆきでないこと。ふだん。日常」等となります。

つまり、私達の日常の生活を言うのですが、本当の本当は、この言葉を理解する為には、「生産する為の」との付加が必要なのです。「生産する」とは、何かを生み出す為の労働を言います。そうした「働きの日常」が「ケ」なのです。

昭和23年1月22日、「ブルースの女王」淡谷のり子。

昭和29年、「高原の駅よさようなら」が大ヒット中の小畑実。『平凡』の人気投票では美空ひばりと共に男女の1位を分けた。

昭和29年、「お富さん」が大ヒットした頃の春日八郎。

昭和29年、中村錦之介（後の萬屋錦之介）。ひばりの母が娘の相手役にと歌舞伎から映画界へ引っ張ってきた。

昭和30年10月15日、トニー谷。ケニー・ダンカンのショウでも司会を務めた。

昭和31年4月12日、淡路恵子と夫の歌手ビンボー・ダナオ。

判りやすく言えば、「朝は朝星、夜は夜星、昼は梅干頂いて」と戯歌がありますが、労働の日常が「ケ」なのです。極く当たり前の人間が生きて行く為の行動こそが、「ケ」だと言えます。

一方、「ハレ」は、その正反対を言います。非日常的なことを言います。「特別な」とか「正式」とか「おおやけ」「公衆の前」と辞書には出て来ますが、本当の本当は、少し侮蔑の意味が込められていることを知っておくべきでしょう。

日本という国に王国が安定的に確立したのは、八世紀でしょう。「鳴くよ鶯　平安京」は七九四年、京に都が成立した年と覚えましたよね。この時代迄に支配者階層以外の人々の中に植え付けた思想です。実は「ケ」も「ハレ」もヘブライ語なのですよ。

それが「ケとハレの思念」です。

つまり、働く者が居なくては国家の中枢は成り立ちません。

何時の時代も、何処の国家も、支配する層とされる層で成り立っているのが事実です。

しかし、支配する側は、常に反発・反抗を恐れているのが不変の事実です。

従って国家を治めるには、生産に従事する人々を上手に使いこなすことが重要です。

その手立てこそが、「ハレ」なのでした。「ハレ」は、「娯楽」が正解なのです。

「ハレ」は「ケ」で生きる人々に、時には憂さを晴らさせる為に仕組んだ色々の工夫を言います。その工夫を与えて、特別の思いを味わえることで「ケ」に生きられるように仕向ける仕組みなのです。

太古から、
畑仕事に背を向ける者、
漁に行きたがらない者、
牛も馬も山羊も面倒見ない者、
狩りに出ない者、
木々の伐採も植林もしない者、
蚕の育成に知らんぷりの者、
鉱山から逃げ出す者、
採掘も砕石も放り出す者、
石積みも粘土踏みもそっぽ向く者、
こんな非生産的な人間は居たのです。
充分な食糧を確保出来ない社会では、こうした者は放逐されたでしょう。しかし、日本列島は豊かな島でした。四季があり、海にも川にも魚貝が群れ、山野に鳥獣が生き、果実も富む別天地だったのです。
ここで落ち着いた中近東《イスラエル》からの渡来人は、移住して来るや直ぐに富んでいきました。

豊かさの中にしか文化は芽生えません。

食べられる一年を構築すると、国家は、「ケ」の中で生きられない人々を見つめる余裕を持つのでした。

なんと日がな一日、

踊りまくっている者、

歌いまくっている者、

奏でまくっている者、

喋りまくっている者、

占いまくっている者、

料理しまくっている者、

絵を描きまくっている者、

木や石から型づくりまくっている者、

こんな非生産的というか非製産的というか、そうした人間にも、社会は目を向けるところが人間の営みの凄いところです。

そこでこうした人間を指して、ヘブライ語の「クシュ」が発音で訛り「クズ」となり、日本語で、「屑」となりました。人間の屑です。しかしこれを上手に使いこなす訳です。

これが人間社会の立派さですね。

人間としては人間の屑であっても、役立つように使って役立てました。「ケ」の生活で不満が溜まった鬱憤を、時には吹き飛ばさなくてはならない。ならば、そうした場所を造って、そこに屑達を従事させようと施政者は考える訳です。それが「ハレ場」です。「ハレ」の物事がどっさり詰まった場所です。非日常的なことが展開する別天地です。息抜きの場所、秘め事の満載された特別のエリアです。

こうした全てが「娯楽」として存在していったのです。日本だけでなく世界中で、「娯楽」を業とする「ハレ」の人間は、「ケ」の世界の者から軽視され蔑視される姿勢が存在し続けております。そここそが「盛り場」です。

日本での判りやすい言葉として、役者や俳優を「河原乞食《かわらこじき》」と蔑む文言がありますね。長い間、「士農工商」の身分制度が続いた日本では、役者の演じ場所が寺社境内か河原に限られていたことから来る言葉だと思いがちですが、単にそれだけではありません。そうした職業につけるのは、士農工商から外れた賤民であったからなのです。役者イコール乞食であったのです。

そうした観念が二百六十五年間の江戸時代で固定化されていきました。その中で、「ハレ場」は「盛り場」へ変貌し、そこは日常では目にしない世界が存在する。文字通りハレの場所を作り出していたのです。

庶民の憂さの捨て処として　どんなに迫害や圧制を受けようとも生き延びて来たのです。

娯楽の歴史

さて。

娯楽の世界が「ハレ」の世界だと判った今、更にもう少し私達の歴史を知って頂くと、より理解が深まりましょう。

例えば、人に芸を見せて、それを生業にしている者達を、江戸時代は「乞胸《ごうむね》」と言いました。意味は単純です。芸を幾らで見せるのではなく、その発生時代から「さあ、幾らお払い頂けますか?」と、お客様の胸三寸に任せたものだったからです。

「あなたのお心に乞うのです!」

乞胸業とは乞食ではありませんが、それに等しいとされた遊芸人の類です。

その大元締めは、穢多頭の浅草弾左衛門でした。そして仕切りの元締めは、芝浦仁太夫です。東北方面は越後の新発田《しばた》氏。関西方面は備前岡山の木暮《きぐれ》氏が元締めとして、あらゆる乞胸の者達から年十六文の冥加金に等しいみかじめ料を徴収していたのです。それを集めて木暮も新発田も芝浦仁太夫に届けて、二月三日に弾左衛門に納めるのが通例でした。恐らく荷駄で運ぶのを常套としていた筈です。

江戸時代二百六十五年間の長い時代が終わって、明治時代になりますと、新発田氏はシ

昭和33年、市川雷蔵と山本富士子。

昭和33年、川口浩。川口松太郎と三益愛子のJr。

昭和34年9月13日、堺駿二（堺正章の父）。この馬を気に入った堺に、古池慶輔は鎌倉まで搬送しプレゼントしたという逸話も。

昭和34年、「こまどり姉妹」が「浅草姉妹」の頃。北海道の炭鉱労働者の子ゆえ、筑豊を巡らせるコースで喝采を受けた。

昭和36年、『悪名』が大当たりしたばかりの勝新太郎。

昭和37年、「スーダラ節」がヒットした頃の植木等。

バタサーカスを興行社として起こします。木暮氏はキグレサーカスからキノシタサーカスとなり、興行社となるのです。

そうした中で日本社会の津津浦浦に渡り歩いた様々な演芸興行は、芸人を抱える芸能会社と、それを企画し地方へ売り付ける興行会社と、各地で芸能一行を買う興行者で構築されていったのです。

これが原点にあることを頭に入れておいて下さいね。

先ほど私は「クシュ」は「クズ」「屑」だと説明しましたが、そもそも演芸そのものが「クシュ」が創り出したものであり、それに従事する世界が「ハレ」なのですから、創成期から蔑まれてきたのが真実です。

ですが、そうした圧迫の中で、文化人の担い手として娯楽産業の人々は喜々として生き続けてきたのです。その支えが観客たる民衆でした。

そして更に何時の時代でも「ケ」の世界の人間に、強力な理解者と助力者が居たのです。「ハレ」の世界の者に手を差し伸べてくれる人です。全ての蘊蓄を知った上で「ハレ」の人間を愛してくれたパトロン的存在なのでした。

本間興業から娯楽を考える

「本間興業」で説明してみましょう。これは私の考察です。

古い家系ですから、遠州本間氏で調べれば直ぐ出てきます。その祖は本間能忠。その子の本間能久が、佐渡本間氏の祖とされています。昔は、子がたくさんいます。本妻の子や、第二夫人、その他の子もおります。そこで、武蔵七党と言われた部族の一つ、横山党の分かれで武蔵小野郷を本貫《ほんがん》とした一族です。

佐渡とは、本来は「砂土」ではなかったでしょうか。今ではサドは雑太（さはた）（さわだ）（さわた）が語源だと言われています。

それは「湿地を開発した土地」という意味で、佐渡の島で長い時代を佐渡守護代として本間能久が築き、その一族が勢力を伸ばして築いた王国は江戸時代に輝きました。

人を増やし佐渡最大の武士団を形成していった雑太本間家は、遠い幕府にとって遠方の流刑地など問題外だったでしょう。逆らわずに従う姿勢さえ見せれば、佐渡の統治は本間家に任せておけば良かったのです。

いわゆる豪族として存在していったというのが、本当でしょう。その地に根を張って力を付けた本間氏を拒絶するより、政権側に取り込んだほうが得策だと考えたのでしょう。

それほど都からは遠隔の地だったのですよ。本間氏に守護代としての職務を与え、これを懐柔したほうが良かったのでしょう。

北条氏の時代に佐渡へ渡らされた本間氏の支流は、無念の涙でくれたでしょう。日蓮が流された地でしたから。

その地に在国として職務に当たっていても、守護職の代官などやっては来なかったでしょう。家来が来たのでしょうね。その者を持て成して帰せば、評判を得られたでしょう。

江戸時代に入る直前に、佐渡には大変革がもたらされます。それは俗に言う金鉱の発見と発掘です。

関ケ原の戦い（一六〇〇年）後、佐渡は上杉氏の差配から幕府直轄の支配下に為りました。それこそが、佐渡金山の存在によってです。以後、老中配下、遠国奉行の一つと為ります。一六〇一年、佐渡代官が置かれました。相川鉱山の開山はこの年です。

江戸幕府設立は一六〇三年です。この年、大久保長安が任命され代官と為ります。大久保は大名ではありません。旗本八万の旗頭です。

この辺が家康の賢さです。

「多大の金脈を有すると思われます」

と、山の民から報告を受けていたでしょう。

裏の民の仕組みを、秀吉から学んでいたのが家康です。命からがら山伝いに逃げ帰った経験は、山の民の存在を認知していたからです。

元々、山の民は日本文明史を裏から支えた天皇の技術者集団の一種です。組織したのが秦河勝《はたのかわかつ》です。その集団は品部《しなべ》と言います。品部の品とは「多い」という意味。品の字の口は人を表します。口が三つで品です。各種の技術集団がたくさんあるとの意味を表すのが、品部です。

その成立は中近東、イスラエル国の滅亡時に、日本に逃げのびて来た人々と共にありました。紀元前七二二年に北と南に分裂していたイスラエルは、多大な十二支族の北イスラエル王国がバビロン捕囚となって滅びました。その後南も滅びまして、地上からイスラエル王国が消えました。しかし東方を目指して逃げ去った人々がシルクロードの果て、東の果てに達しました。その地が中国の呉《ご》です。

そこから更に東を望むと、それは東の果てで、極東になります。その極東には島があり、黄金の島だと言われた日本だったのです。

ユダヤの民の日本への到達は、今からどのくらい前でしょうか。

私の考えでは、イスラエル王国滅亡の紀元前七二二年から五年以内にやって来たと思っています。その後、続々とやって来ています。五十年で王朝を築きました。

そして紀元後にはハイテクを持ち込みました。それが秦一族です。そのハイテクとは、農耕技術、養蚕技術、冶金《やきん》技術です。そうして日本各地で生産分野を品部が根を張って国家の礎に為っていきました。

それが日本の真の歴史です。

山の民、平野の民、海の民、そしてそれを支配する者が国家の仕組みです。


この、山の民の存在をしっかり頭に刻んでいたのが徳川家康でした。

八世紀に山に放った冶金の民が、銅山を発見し、秩父の山脈に銅鉱をうがち世界一の産出をさせたのも河勝の手下《てか》です。その手下は山の民です。

そしてその頭は、羊太夫《ひつじだゆう》と名乗った秦一族の者でした。今の群馬県吉井の地に封じた守護なのです。日本には明治時代から入って来たと言われる羊を、七〇〇年代にもう飼っていて、馬も飼っていたのです。

ですから、群馬県の字にそれが込められているのですよ。羊と馬です。

この羊太夫が銅発掘の長官となり、日本最初の貨幣・和同開珎の鋳造となるのです。


さて、こうしたルーツの上で、佐渡にも金脈が眠っていると、早くから探索されていた筈です。十一世紀にはもう記録されています。ついに天下を手にした家康は、金鉱採掘に掛かりました。

何故、こんな大事な役目を大名に命じず、大久保に任じたのか。そこが家康です。

上席の旗本は、将軍にお目通りが叶います。いざ戦いの時、将軍の御旗の下で将軍を守る武士が旗本です。将軍が、最も信じられる侍達でなくてはなりません。

この、信じられる点と、裏切らないとの信頼の上で家康が佐渡の金鉱を守護させたのでしょう。大久保がいかに家康に信頼されていたかの証しですね。

大久保以後は二名の奉行を任じています。

町の治安を守る町奉行と、金鉱を守る山奉行、二名です。配下は全員で三百人でした。

もし、本間氏が謀叛を起こせばひとたまりもありません。でも永い時間を掛け、本間氏は時の施政者に逆らわぬほうが利口だと悟っていたのです。

ですから本間氏は武士としての存在ではなく、地頭として認知されていたのでした。地《じ》頭職《とうしき》ですね。佐渡奉行に従い、佐渡を仕切る代行者ですよ。

旗本が佐渡奉行になると、前任者から、

「あそこは本間に任せとけば全て上手くゆくよ!」

そうして、代行の者が佐渡へ行ったのでしょうね。

さて、ここで私の考察です。

「伊丹様、坑夫の為に、毎日楽しみを与えねばなりませぬ。お聞きおよびでしょうか?」

「鎮目《しずめ》惟明《これあき》様より聞いておる。よいよいよしなに頼むぞ」

「直ぐに江戸から大坂、京へと、一声掛けて舞台を飾らせましょう」

「うんうん。わしも楽しみにしていよう！」

これは多くの坑夫に、重労働を強いて量産しなければならぬ、特殊な労務管理の方法で、恐らく本間氏の考案した娯楽提供による懐柔策だったと思います。

島内の至る所で能や都人《みやこびと》の踊り、狂言、そして音曲が催されていたのです。

さて、江戸では、歌舞などの元締めは芝浦の仁太夫でした。その大元締めは勿論、浅草の弾左衛門です。これが日本の裏社会の総元締めでありました。

当然、本間氏は弾左衛門とも手を結んでいたでしょう。江戸で興行に出た者を佐渡へ行かせる為に道中、興行しながら新潟の新発田氏に佐渡行きを促したでしょう。

先に記したように、越後の新発田氏は弾左衛門配下の大物です。

玉石混交で送り込まれた芸人達は、本間氏の篩《ふるい》にかけられた筈です。一流、二流、三流等と仕分けされ、人別帳に記されたでしょう。

「来年は春と秋に、二回おいで！」

約束されれば半年分の仕事が決定したでしょう。

佐渡には島内各地に鉱山が点在し、とてもとても旗本二家ぐらいで統治出来るものではありません。

日本が国家の形成をはっきりした八世紀でも、佐渡は問題外の地でした。農地も少なく、さしたる脅威とて感じさせぬ故、蔑視され捨て置かれたのでしょうね。そのような通念のまま時代が過ぎていきました。

一二二一年の承久の乱で力を得た鎌倉武士の北条氏の末席の家来、本間能久は、その地で暮らしその地で生まれ育って、代々を天下る下級武士に尽くし続けているうちに、驚くべき力を養っていたのです。

この辺は、「我慢が人を造る」でしょう。待つことの出来る人間は立派です。

まさに、佐渡の本間氏は絵に描いた様な忍耐の虫でした、

一時の我慢で都へ帰れる代官と違い、本間家はもう土着の民です。地頭職の代行でしかなく、氏などと付ける身分ではありません。

幕府にしても、前に記した様に、反抗の無い友好的な有力者なら、そのままにしておけばよろしい訳です。

武士にしてくれとか禄《ろく》や石《こく》を欲しがりもしませんでした。自給自足の本間家でした。

その安心が、長い時代を掛け本間家を本間氏とまで言わせるだけの力を与えたのです。

新潟の民謡の文言にあります。

〽本間様には及びもせぬが
せめてなりたや殿様に

そう謳われた程、栄華を極めていたのです。

では何故打たれなかったのでしょう。

それは二つの理由に尽きます。
一、出過ぎなかったのです。つまり「出る杭」ではなかったのです。
佐渡に来る下級武士は、地の果てに左遷されて赴任してくる面持ちだったでしょう。つまり家族共々が「都落ち」の気分で遠島、「島流し」みたいに沈んでいたでしょう。

そこです。

本間家当主から家の子郎党は、身をもって、代官家や奉行家や役人に傅《かしず》いた筈です。物でも人力でも何でも、本間の者は二つ返事で奉行のパシリとして仕えてみせたのでしょう。

都へ帰れば千石取りの旗本の三男坊の代官なら、五人の子など育てようがありません。

本間の縁に繋がる者と愛し愛され、永住した者も多いでしょう。

そうして本間一族は数を増やし、佐渡一国を裏から牛耳るようになっていったのです。

だが代官から幕府へ罵詈雑言が聞かれなかったのは、苦情のない証拠です。

静かに深く、本間家は佐渡に楔《くさび》を打ち続けていたのです。

さて本間家が打たれなかったもう一つの理由は……。

江戸時代突入と同時に佐渡は上杉氏の差配から家康旗下《きか》の武士が奉行となりましたね。

同時に金や銀山の採掘が始まりましたよね。

これです。

この労務は、受刑者だけで足りる訳もなし。ここで人材派遣業務が生まれた筈です。

江戸を考えてみましょう。

一六〇三年、江戸幕府開府。

一六〇五年、三十万都市です。これはローマに匹敵します。

一六〇八年、百万都市になっています。こんな人口の都市は世界に類を見ません。

これに対応したのは急造の町造りです。

道路、水道、下水《どぶ》、家屋、と、技術者と労務者を必要としました。これに当たったのは、口入れ屋です。これは全てハレの世界の人間が手当し、組織化しました。

浅草弾左衛門以下の頭達が、日本中に組織を作り、人夫や大工や左官や屋根屋を全国から集めたのです。

ついでながら左官の語源は、宮中の修理をする職人を、「木工寮の属《さかん》」と呼んで出入りさせたことから出来た呼び名です。

私の佐渡論

さて。

佐渡の本間氏は、江戸時代は日本の穢多頭としての弾左衛門の力を精いっぱい使わしてもらった筈です。

次第に弾左衛門は力を付け、浅草の屋敷もついには大名門に等しい門構えになりました。それが幕府からの釁殪を買うこととなり、弾左衛門の束ねからまず座頭を抜けさせ、次に歌舞伎を放させることになるのです。

恐らく、豊かでない佐渡とはいえ、本間氏の栄耀栄華は弾左衛門の比ではなかったと私は思っています。

それが御上《おかみ》から目を付けられなかったのは、「身の程を知っていた」智恵だと思います。決して己の地位を高めようとせず、現実の自分に満足して見せるだけの演技力を心得ていたのです。

特に、流されて来た都の貴人や、それに従う家の子郎党まで面倒を見たのでしょう。

都から来た料理人も、親切に生活を支えてくれる本間一族には感謝して生きたでしょう。頼りに出来る人達への返礼は、自分の料理の技術です。

それは遠い遠い昔の話ですが、それが現代に息衝《いきづ》いているのが佐渡島なのです。

私は大学時代、初めて佐渡島に渡りました。

その時、町の一膳飯屋で「冷や奴」を頼みました。出て来た品を見て驚きました。

ひなびた漁師町の、飯屋ですよ。

私の目の前に置かれた冷や奴は、なんと「絹漉し豆腐」だったのです。

どう考えたって、「木綿豆腐」じゃなきゃおかしい。

その時、私は遠い日々に、この島の人々のして来た所業の素晴らしさを考えていました。

あれから六十年の月日が流れて、私は改めて島の人々と悲運の人々との交流の中で培って来た文化を思いました。

木綿しか知らなかった島民に、都の文化で造られていた豆腐を教えて、お互いに喜びあって生きた島の歴史があってこその冷や奴なのですよね。

これは、ひとえに、罪人だろうが政治的な命運で佐渡流しの人達だろうが、快く受け入れて生かそうと努力した、裏の世界での本間イズムが、一本筋を通していたお蔭だと思うのです。

表社会の支配者は、時代時代でコロコロ変わっていったのです。

本間氏の生き方の教えが掟となって存在せずして、佐渡は佐渡らしく存続出来なかったのです。

いかに己の地位を上げようとせず忍耐強く生きたかを、考えて欲しい。


これだけは記しておきたいと願う私の佐渡論があります。

興行の中の言葉に、私達の世界で「ドサ巡り」というのがあります。

一般的には、酷い田舎を点々とする旅興行の巡演を言います。

私もそう思って、この世界で生きて来ました。そう、あれは私が五十一歳からの難行苦行の人生を余儀なくされた平成三年（一九九一年）の明治大学裏口受験問題で、蟄居《ちっきょ》六年の後に得た救いの神、バンダイの山科誠社長（当時）のお招きで、『大草原の小さな家』の子供向けミュージカルに出演させて頂いた時の出来事です。

「干天の慈雨」の如き全国巡演でした。

この旅公演で佐渡に行きました。

舞台で受けた衝撃は、今でも深く心に残っております。

それは、出演者が舞台に登場するや、嵐のような拍手が起こり、場内を揺るがすのです。

私が出て行っても、大きな拍手の渦でした。

役者にとってこんな喜ばしい迎え方はありません。誰だって嬉しくなり、精いっぱい舞台を務めようと心が弾む筈です。

これは観上手《みじょうず》なんです。他人《ひと》を乗せる術を心得た人々なのです。どう観れば演じ手が乗るかを熟知しているのです。これこそ、長い時を掛けて佐渡島が育てて来た文化度の高さなのです。

「ドサ」とは「サド」の隠語です。

「ドサ巡り」とは、佐渡ぐらい離れた遠い地の、まるで島流しにあったような巡業なのだと、私は考えていたのです。

ところが、です。「ドサ」の佐渡ぐらい気持ちよく舞台に上がれる地を、私は知りません。ここが最高の水準の客だと納得しました。日本一気持ち良く舞台に上がれます。

これも永い時代を本間氏の興行師としての、芸人への手厚い扱い故の成果です。

代々、どう観れば役者達が舞台で精いっぱい頑張ってしまうかを、学んで生きて来た人々なのです。佐渡の民の血に流れているしきたりでしょう。

佐渡の大地の地下迄も、宝に満たされていた島でしたから、江戸時代の二百六十五年間は、かなり注視されていたでしょう。

しかし、私は、本間氏の鉱山への関与は想像を絶する程の多大さで存続されていたと思うのです。

大久保長安　一六〇三年から十年

鎮目惟明　一六一八年から九年
伊丹康勝　一六三五年から十八年
伊丹勝長　一六五三年から四年
荻原重秀　一六九〇年から二十二年
根岸鎮衛《しずもり》　一七八四年から三年
川路聖謨《としあきら》　一八四〇年から一年

この他の奉行も居た訳です。町奉行と山奉行の二名ですが、どちらも本間氏の裏からの支えがあって安泰だったのでしょう。

江戸時代と共に開山しましたが、明治時代になると、本間氏の主流は佐渡から去ったようです。

それ迄、北前船などとの親交もありましたから、北海の地へ逃げたのです。

これは、恐らく薩長軍との戦いで、幕府軍に肩入れしていたのではないかと推察します。そして新政府になる迄に、船を利用し移住を決めてしまっていたのでしょう。

本間氏も各地に分家が出来、佐渡だけでなく本土にも何家もあります。しかし佐渡内では、大きな争いは一回だけで、江戸時代を乗り切りました。そしてその時代を先取りする嗅覚で北海道へ去ったのでした。

旭川は遠いですよ。

そこで又、本間の輝きを見せたのは凄いでしょう！

この地で興行の芽を吹き出させ、そして育て上げ、北海道の興行は全て本間興行の仕切る世界を創り上げたのです。本間家も凄い！

やくざの語源

もう一度おさらいしますね。「ケ」も「ハレ」もヘブライ語です。古代ユダヤ人が使っていた言葉です。

ケは日本語で「褻」と書き、ハレは「晴れ」です。

「ケ」とは、日常的な物事の全てです。

「ハレ」とは、非日常的な全てです。

日常的な暮らしの中で生きて行く為には人間としてやらねばならない日常行動が不可欠です。

それは「労働」です。生産が基本的生業です。

山だろうが海だろうが野だろうが、生きて行く為の食料を得なければなりません。

この「ケ」の生活を中心にして、人間の集団は社会を構築していきました。

だが、人間は規律の中で生活することで、不満や不快を覚えます。疲労も募ります。

その鬱憤がとんでもない爆発を生むと、時の施政者は知っておりました。

私は「ケ」の世界から外れた人間のことを指すものとして、ヘブライ語から「クシュ」という言葉を見つけました。クシュは藁を意味します。日本では草と訳します。

考察すると、穂が意味ある大切なものであって、それを切り取った残りは不必要なのでしょう。日本で訳した草は、大切な稲に値する物です。つまり人間にとって貴重な植物の生育に邪魔になる雑草を意味します。

ヘブライ人（古代ユダヤ人）は、発音がシャシイシュシェショをダジズゼゾと発音したといいます。それでクシュをクズと発していたのです。

日本語のクズを字で書けば屑となります。良い物を取った跡に残るのが、不必要なクズということです。

物にも人間にも屑は出ます。

人間は、働かない、言うことを聞かない、ちゃんと生活をしない者がクズでした。

今も昔もクズがおります。それぞれの地で、猟をしない、漁に出ない、畑仕事をしない怠け者、困り者が居りますでしょう。

「あいつはクシュだ！」

渡来した人々はそう言いましたが、「クシュ」を発音すると「クズ」です。

「あいつはクズだ！」

と日本人には聞こえたでしょう。

生産に加わらず、歌っている者。

楽器を鳴らす者。踊る者。

そうした外れ者は非生産者として「人間のクシュ」とみなしたのが日本の古代社会です。

「人間の屑」です。


その屑を役立てたのも、一握りの政治の世界の人間です。

「ケ」の民の爆発を防ぐ方策として考え出したガス抜きが、「祭り」です。

それを「ハレ」の世界の大行事として成立させ、その三日間を、非日常的な世界の中で民を過ごさせました。

御馳走を食べてよし。

酒も飲んでよし。

性欲も満たしてよし。

ワッショイ　ワッショイ（これもヘブライ語）。

「御輿」という聖櫃《せいひつ》の雛型を造って、様式化して作り出した行事は、「ケ」の世界の毒消しでありました。

この「祭り」は、「ハレ」の世界ですから、日頃の世界の枠を取り払った別世界です。

常識外の日々です。

酒による間違いは、山ほど起きました。

この困り者をまとめて頭領になる者が出来ます。真っ当な人々には厄介な者達でした。

ところが、知恵ある者がこの集団を上手に取り込みました。祭りの管理を、「人間のクシュ」に任を与えたのです。

「お前さんも、クズと言われるならクズでも、ヤーと言われるくらいのヤークズになれ！」と言った筈です。

「ヤー」とはイスラエルでは大変貴重な言葉なのです。やたらに口にしてはいけないとされている言語です。何故かというと、「ヤー」とはユダヤの神、絶対神、「ヤハウェ」です。

「どうせ屑なら、屑の中の屑になれ！　屑どもを司り、従わせてヤークズになれ！」

それが訛って、やくざとなったのです。

「ヤークシュ」↓「ヤークズ」↓「やくざ」

やくざの語源はこれだと、私は唱えているのです。

このクズ集団を上手に利用して、祭りの警備や御輿の警護をさせたのです。酒による乱れを、クシュの集団が酒を入れずに守ってみせたのです。

祭りとやくざの結びつきは、古代からの習わしだったのです。

まともに働く人々にとっての待ちに待つ喜びの日を、やくざは陰で支えたのです。この祭りでの楽しみこそ、エンターテインメントの催し物でした。

これこそが見世物です。そして、これこそが興行です。

こうして祭りの成立と共に、社会にも「ハレ」と「ケ」の世界が成立していきました。

「ハレ」の世界では、
売る物が芸の芸人、音楽家など。

売る物が艶の水商売や遊郭。

売る物が侠気のやくざ。

寺社の境内で行われる各種の催し物は、祭りならではのビッグイベントでしたでしょう。広場に柱を立て筵《むしろ》で囲った見世物小屋の風景は、昭和の時代にはありました。村々では最大の娯楽だったのです。

それは、実に永い時代を生き抜いた日本の民衆文化だったと思います。

そう、この本で描いた古池慶輔さんの興行ラインは、日本の民衆文化を支えていたと言っても過言ではありません。この人達が企画し送り出す人々の芸が、日本中の人々を喜ばし、明日を生きる大きな糧になっていたのは間違いない事実なのです。

あとがき

「魚心あれば水心あり」の言葉は、そのまま「水心あれば魚心あり」なのだ。人を好きになることが、人に好かれるのではない。人が好きだから、人に好かれるのだ。

興行という世界には、形だけの興行師と本物の興行師がおります。

幸いなことに、私は芸能人を好きな興行師に、たくさん会って生きてきました。

「好きこそものの上手なれ」は、道を目指す者の根本哲学なのです。

扱う相手が画帳であれ土塊《つちくれ》であれ、犬であれ猫であれ、好きで対峙している者だけが、その道を歩めるのが本当のところです。

ましてや興行師としての業は、人をこよなく喜ばせることに、無上の悦びを感じている者だけが携われる仕事だと、判って下さいましたでしょうか。

終戦直後を知る人々が、どんどん少なくなっていく時代の中で、父や母が楽しんでいた現実の真実をあなたが知って下さったなら、こんなに嬉しいことはありません。

勿論、この書に挙げたのは僅かな人々ですが、もっと大勢の皆さんが生き抜いていた訳です。そうした興行があった時代の断片を、私が記したに過ぎません。

でもね、間違いなく、こうした人々が居て築いた歴史の上に現代の興行があるのです。イベントとかライブとかショウとか、呼び方は色々ありましょうが、人々を集めてお金を取って楽しませる道は、少しも変わってはいないのです。

世の中は、しっかり表社会と裏社会が存在して成り立っているのだと、私は書いたつもりです。表は建前で、裏は本音です。そのどちらも真実です。これが重要なのです。建前ばかりを正義だと決めつけてはなりません。

そうした風潮に押し流されず、しっかりした自覚の上で人生を組み立てて行って欲しいと、私は八十歳にならんとする今、心から思って生きています。

今年の年賀状にはたった一言、「今年は目一杯誉めよう」と記しました。

瑠美子　江

書きましたよ。仕上げました。足掛け二年、精魂込めました。そちらに向かった時に、あなたに誉められたくてね。

そして　そして

売れると良いね！

二〇一九年　平成最後の正月にて　なべおさみ

昭《しょう》和《わ》疾《しっ》風《ぷう》録《ろく》 興《こう》行《ぎょう》と芸《げい》能《のう》

発行日 二〇一九年二月二〇日 初版第一刷発行

著者 なべおさみ

発行人 北畠夏影
編集 藁谷浩一
発行所 株式会社イースト・プレス
〒一〇一-〇〇五一 東京都千代田区神田神保町二-四-七 久月神田ビル
電話：〇三-五二一三-四七〇〇 ファクス：〇三-五二一三-四七〇一
http://www.eastpress.co.jp/

ブックデザイン トサカデザイン（戸倉 巌、小酒保子）
DTP 臼田彩穂
印刷所 中央精版印刷株式会社

ISBN978-4-7816-1751-0
JASRAC 出 1900346-901